Turkije

Turkije

Bernard Bouwman

KIT Publishers / Oxfam Novib / 11.11.11

LANDENRE

Bernard Bouwman studeerde geschiedenis, filosofie en internationale betrekkingen in Utrecht, Parijs, Washington DC en Oxford. Aan laatstgenoemde universiteit is hij gepromoveerd. Bouwman is correspondent voor *NRC Handelsblad* en de NOS in Turkije.

Omslagfoto: Bas Jongerius

KIT Publishers
Mauritskade 63
Postbus 95001
1090 HA Amsterdam
E-mail: publishers@kit.nl
www.kit.nl/publishers
www.landenreeks.nl

© 2008 KIT PUBLISHERS – Amsterdam 2008 / 981 / A2- turk

Eindredactie: Hans van de Veen/Bureau M&O, Amsterdam
Kernredactie: Karolien Bais, Marcel Bayer, Robbert Bodegraven, Lianne Damen, Damir Gojkov, Ineke van Kessel, Karel Onwijn, Hans van de Veen
Vormgeving en opmaak: Henny Scholten, Amsterdam
Cartografie: © Geografiek, Willem van den Goorbergh, Utrecht
Productie: Meester & De Jonge, Lochem
Foto's binnenwerk: Bas Jongerius, Amsterdam (tenzij anders vermeld)

De Landenreeks is een gezamenlijke uitgave van KIT Publishers, Oxfam Novib en 11.11.11. (België). In de Landenreeks verschijnen titels over landen in Azië, Afrika, het Midden-Oosten, Europa, Latijns-Amerika en het Caribisch gebied. Bezoek de speciale website voor actuele informatie over de leverbare en nieuw te verschijnen titels: www.landenreeks.nl of www.landenreeks.be.
Delen uit de Landenreeks zijn verkrijgbaar in de boekhandel of kunnen besteld worden via www.kit.nl/publishers (Nederland) of www.11.be/winkel (België).
Wie een abonnement neemt op de Landenreeks (7 delen per jaar), krijgt elk deel met korting thuisgestuurd. Abonnementen zijn te bestellen via Oxfam Novib (Nederland) of 11.11.11 (België).

Oxfam Novib
Postbus 30919
2500 GX Den Haag
www.oxfamnovib.nl/webwinkel

11.11.11 uitgeverij
Vlasfabriekstraat 11
1060 Brussel
www.11.be/winkel

ISBN 978 90 6832 445 7
NUR 517/900

Inhoud

Door de modernisering verdwenen de meeste hamams, maar de laatste jaren is er een revival. Hamams bieden het sociale contact waar veel Turken naar terugverlangen.

Een debat dat voorlopig niet zal verstommen

Het was nog nooit vertoond in de geschiedenis van de Europese Unie. Op 3 oktober 2005, de dag dat de onderhandelingen met Turkije officieel van start moesten gaan, was er nog geen overeenstemming tussen de lidstaten over het mandaat voor die onderhandelingen. Het resultaat was een soort thriller, die in Turkije op de voet werd gevolgd en bij veel Turken diepe wonden achterliet. Terwijl de vertegenwoordigers van de lidstaten in Luxemburg praatten, stond het vliegtuig van minister van Buitenlandse Zaken Gül op de startbaan in Turkije te wachten tot er bericht kwam dat men er uit was. Die overeenstemming werd pas aan het begin van de avond bereikt. Uiteindelijk arriveerde Gül pas na twaalf uur 's nachts in Luxemburg. De dag waarop de onderhandelingen zouden moeten beginnen, was dus eigenlijk al voorbij. De Unie besloot toen om de klok maar terug te zetten.

De gang van zaken is tekenend voor de problematische verhouding tussen Turkije en de Europese Unie. In Helsinki in 1999 besloten de lidstaten van de Unie dat Turkije een kandidaat-lidstaat was. Het besluit werd in Turkije met groot enthousiasme ontvangen en was het begin van een lange reeks hervormingspakketten. Het parlement schafte de doodstraf af en nam strengere wetten aan tegen martelen. Zelfs het leger deed, onder druk van de publieke opinie, een stap terug uit de politiek. Turkije leek ferm op weg naar de Europese Unie. 'In vier jaar zijn we er klaar voor', zei de toenmalige premier, Bülent Ecevit.

Het liep anders. Langzaam maar zeker werd duidelijk dat in veel lidstaten van de Europese Unie een grote kloof gaapte tussen wat de regering dacht en wat de opiniepeilingen zeiden. Turkije is niet Europees, zo klonk het op tal van plaatsen, en hoort daarom niet bij de Unie. Een groeiend aantal regeringsleiders is het daar mee eens. De Franse president Nicholas Sarkozy en de Duitse bondskanselier Angela Merkel willen bijvoorbeeld een speciaal partnerschap tussen Turkije en de Europese Unie, maar geen lidmaatschap.

Pikant genoeg sloeg ook in Turkije de stemming om. Aanhangers van de extreemnationalistische partij MHP zeiden dat Turken 'anders' zijn. Zij zijn voorstander van sterkere banden met de Turkse republieken (die zich volgens hen uitstrekken tot aan China toe), maar een nauwere band met Europa willen ze niet. Ook in het links-republikeinse kamp, dat zich voor alles richt op het gedachtegoed van Atatürk, de vader van de Turkse Republiek, namen de reserves toe. Hier onderstreepte men vooral het unieke karakter van het staatsbestel. In Turkije, zo zei men, is het leger van oudsher de hoeder van het seculiere systeem. Als extreemgelovige moslims een greep naar de macht doen en de islami-tische wet, de *shari'a*, willen invoeren, zorgt het leger ervoor dat hun dat niet lukt. De Europese Unie eist van Turkije dat het leger zich terug-trekt in de kazernes en de politieke arena voorgoed verlaat. Als de Europese Unie niet begrijpt hoe Turkije in elkaar zit, vergeet het lid-maatschap dan maar, zo klonk het.

En zo begonnen zowel de Europese Unie als Turkije zelf zich steeds meer vragen te stellen over de identiteit van Turkije. Is Turkije wel echt een 'Europees' land?

Volwaardige democratie

Voorlopig zal dat debat nog wel voortwoeden. Een simpel antwoord is er niet. Christelijke politici vinden vaak dat Turkije, waar de overgrote meerderheid van de bevolking moslim is, simpelweg niet bij Europa past. Dat wordt weer betwist in de linkerhoek van het Europese poli-tieke spectrum: West-Europa heeft in zijn geschiedenis, zo klinkt het daar, steeds meer afscheid genomen van zijn christelijke achtergrond. In Nederland zeggen tientallen procenten van de bevolking dat zij zon-der geloof zijn. Als iets Europa kenmerkt, aldus deze redenering, is het respect voor de mensenrechten en democratie. Als Turkije die Europese waarden in zijn bestel weet te verwerken, staat niets het lidmaatschap van de Europese Unie in de weg.

Voor beide partijen heeft de uitkomst van de discussie over het Turkse lidmaatschap praktische gevolgen. Liberale Turken zeggen vaak dat Turkije de Europese Unie nodig heeft om een volwaardige democratie te worden. Kijk maar wat er gebeurde toen de verhouding tussen Europa en Turkije gespannen werd, zeggen zij. 'Europa' was een doel dat alle Turken aanvankelijk deelden, en het bracht daarom saamhorigheid. Maar toen het Turkse lidmaatschap steeds verder achter de horizon wegzakte, kwamen de spanningen tussen bijvoorbeeld seculiere en gelovige Turken weer flink aan de oppervlakte. En met de mensenrechten ging het weer slechter. Kortom, Turkije heeft Europa nodig.

Heeft Europa Turkije nodig? Veel Europeanen vinden van niet. Zij vrezen een stroom van Turkse gelukszoekers in West-Europa. Ook zou ontwikkeling van Turkije de rest van Europa miljarden euro's gaan kosten. Interessant genoeg leidt de weerstand tegen een EU-lidmaatschap van Turkije niet tot een afkeer van het land zelf. Honderdduizenden West-Europeanen brengen er jaarlijks hun vakantie door. Een grote tentoonstelling in Amsterdam over Istanbul werd een doorslaand succes. Belangstelling voor Turkije is er dus zeker. Turkije, dat nu eenmaal kandidaat-lid is, zal de komende jaren zeker op de Europese agenda blijven staan.

Groot land met veel buren

De meeste inwoners van Turkije hebben een haat-liefdeverhouding met hun land. Zij praten vaak en graag over de enorme problemen, zoals corruptie, de instabiliteit van het politieke systeem of het Koerdische vraagstuk. Maar vrijwel alle Turken zijn trots op de enorme schoonheid van hun land en de rijke historie. Turkije ligt op het grensvlak tussen Europa en Azië. Veel beschavingen waren korte of langere tijd in het land aanwezig. Phoeniciërs, de klassieke Griekse beschaving, Byzantijnen, Hittieten – van al deze beschavingen zijn sporen te vinden in Turkije. Naast die historische overblijfselen kent Turkije een enorme variëteit aan landschappen. Behalve de metropool Istanbul kent het zuidoosten ook ruw berglandschap, waar je een week kunt wandelen zonder iemand tegen te komen. Naast Izmir in het zuidwesten, waar de temperatuur in de zomer vaak boven de veertig graden uitkomt, is er de noordoostelijke stad Erzurum, waar het in de winter soms tientallen graden vriest.

Geografie

Oppervlakte: 780.580 km^2 (bijna 19x Nederland; 25,5x België)
Kustlijn: 7.200 km
Landgrenzen: 2.648 km
Grenzen met de buurlanden: Armenië 268 km, Azerbeidzjan 9 km, Bulgarije 240 km, Georgië 252 km, Griekenland 206 km, Iran 499 km, Irak 352 km, Syrië 822 km
Hoogste punt: de berg Ararat (5.166 m)
Laagste punt: Middellandse Zee (0 m)
Bron: CIA World Factbook

Ook qua flora en fauna is Turkije een uiterst gevarieerd land. Alleen al aan reptielen zijn er meer dan zeventig soorten te vinden. Pas sinds kort dringt bij veel Turken het besef door dat er meer gedaan moet worden om de natuurlijke rijkdom te beschermen.

Gevaarlijke vogeltrek

Hoe groot de natuurlijke rijkdom van Turkije is, bleek toen in 2006 in het dorpje Doğubeyazıt in het zuidoosten drie kinderen overleden aan de gevaarlijke H5N1-variant van de vogelgriep. Het virus was tijdens de vogeltrek Turkije binnengebracht. Wat kunnen we doen om verdere besmettingen te voorkomen, was de vraag die op tal van plekken werd gesteld. Het antwoord was simpel: niet zo heel erg veel. De Turkse bevolking ontdekte dat hun land elk jaar door miljoenen vogels tijdens de trek wordt aangedaan. Natuurlijk ondernam de Turkse regering wel stappen tegen de ziekte. Zo kwamen er speciale matten aan de grens van wijken of steden waar de vogelgriep was vastgesteld, waar elke bezoeker verplicht zijn of haar schoenen moest desinfecteren. In de gebieden waar het virus heerste, werd op grote schaal overgegaan tot de slacht van alle pluimvee. En er kwam een grote reclamecampagne waarin bijvoorbeeld kinderen opdracht kregen niet meer, zoals gebrui-kelijk was op het Turkse platteland, kippen te omhelzen. De campagne was succesvol in de zin dat er de laatste jaren geen nieuwe besmettin-gen hebben plaatsgehad. Maar Turkije blijft een land van de vogeltrek – besmette vogels kunnen elk moment uit andere landen komen aan-vliegen.

Turken, en dan vooral de seculiere, denken vaak dat hun land op de rand ligt van de 'beschaafde' wereld. Zij geloven in het westerse van Turkije en kijken met enig dedain naar buurlanden als Syrië, Iran en Irak. Turkije onderhoudt moeizame verhoudingen met zijn buren. De verschillende interpretatie van de Ottomaanse periode (Turken vinden dat zij de buurlanden beschaving brachten, Syriërs bijvoorbeeld zien die periode als bezetting) speelt daarbij een rol. Turkije erkent Armenië en de Republiek Cyprus niet. Ook de verhoudingen met Griekenland zijn nog niet goed, ook al verbeterden zij de afgelopen jaren. Turken vinden vaak dat Europeanen niet voldoende oog hebben voor de 'bedreigde' positie waarin hun land geografisch gezien verkeert.

Istanbul, hart van Turkije

Ankara is de hoofdstad van Turkije. Het echte hart van het land, zo denken veel Turken, klopt echter in Istanbul. Dat deze stad het eigenlijke
centrum van Turkije vormt, is niet verbazingwekkend. Om te beginnen is
daar het enorme bevolkingsaantal. Officieel telt de stad tien miljoen
inwoners; feitelijk zijn het er ten minste dertien miljoen. Zo'n 18 procent van de Turkse bevolking woont in Istanbul. De stad heeft daarnaast
ook een groot economisch gewicht en genereerde in 2005, aldus onderzoek van Price Waterhouse Coopers, een inkomen van 133 miljard
dollar. Dat is meer dan bijvoorbeeld Rotterdam. Istanbul heeft ook een
sterk cultureel belang. Veel Turkse schrijvers en intellectuelen wonen in
de stad en de meeste Turkse media hebben er hun hoofdkantoor.

Inwoners van Istanbul zijn trots op hun stad. Istanbul is een micro-
kosmos waarin elke wijk zijn eigen karakter heeft. Van het gelovige
Fatih, waar veel mannen met een islamitische baard rondlopen, tot het
moderne Etiler, waar rijke, goedopgeleide Turken in hippe zaken mooie
wijnen proeven. Istanbul heeft een melancholieke schoonheid – de vele
Ottomaanse monumenten herinneren aan het voormalige wereldrijk.
Maar de inwoners van de stad kennen ook beter dan wie ook de problemen van Istanbul. Een van de grootste daarvan is het verkeer. Een
derde van alle Turkse auto's rijdt er. 2,5 miljoen auto's (2006) – een
per vijf of zes inwoners. En elke dag komen er 500 tot 600 nieuwe
auto's in de stad bij.

De afgelopen jaren heeft de gemeente Istanbul een campagne gevoerd
om de verkeersproblematiek aan te pakken. Maar de problemen zullen
voorlopig alleen maar groter worden. Zeker in het centrum is de ruimte
al tot de laatste millimeter gebruikt; er kunnen simpelweg geen nieuwe
wegen bij. De economische scenario's voor Turkije voor de komende
jaren zijn rooskleurig. En omdat elke Turk droomt van zijn eigen auto
zal de verkoop van nieuwe voertuigen alleen maar toenemen. Bovendien verandert Istanbul snel van karakter. Door de toegenomen welvaart
en nieuwe mogelijkheden om een hypotheek af te sluiten, stijgen de
prijzen van huizen (en de huren!) enorm. Het gevolg is dat armere
inwoners steeds meer gedwongen worden in de buitenwijken te gaan

leven. Veelal werken zij echter in het hart van Istanbul, waardoor de verkeersstroom elke dag nog verder toeneemt.

Verkeer is niet het enige probleem in Istanbul – ook de criminaliteit neemt snel toe. Vooral de kleine criminaliteit op straat. Zo was er op Taksim-plein enige tijd geleden een bende actief waarvan een lid mensen die bij de stoplichten stonden te wachten, om een vuurtje vroeg. Als de persoon in kwestie een aansteker zocht en dus even niet oplette, werd hij of zij door een tweede lid van de bende gerold. Groot probleem zijn ook de overvallen op auto's bij stoplichten. Terwijl de bestuurder op groen licht wacht, slaan criminelen met een ijzeren staaf de ruit kapot en stelen bijvoorbeeld een tas die op de achterbank ligt.

Aardbevingen

Het allergrootste probleem van Istanbul is ongetwijfeld de dreiging van een aardbeving. Geregeld waarschuwen experts dat de seismische activiteit in de regio toeneemt – na zo'n waarschuwing zijn er dan altijd duizenden inwoners die de stad verlaten en enige dagen hun heil elders zoeken. Verwonderlijk is dat niet. In augustus 1999 werd de regio getroffen door een aardbeving van maar liefst 7,4 op de schaal van Richter, die binnen enige seconden tot de dood van naar schatting 17.000 mensen leidde. Het epicentrum van de beving lag bij Izmit, op zo'n 80 km van Istanbul. Maar ook de metropool zelf werd getroffen.

Het zal niet de laatste aardbeving zijn in Turkije. Experts van de beroemde Bosforus-universiteit schatten de kans dat binnen dertig jaar een aardbeving van 7 of hoger op de schaal van Richter plaatsheeft, op 65 procent. Als in Istanbul een aardbeving van 7,5 plaatsheeft, aldus professor Erdik van de universiteit, zullen 45.000 gebouwen instorten; 70.000 gebouwen zullen zwaar worden beschadigd en 200.000 licht. Op menselijk vlak zou de tragedie nog groter zijn. Maar liefst 40.000 mensen zouden hun leven verliezen bij zo'n aardbeving.

Natuurlijk zijn dit slechts scenario's. Feit is dat Istanbul zwaar te lijden zou hebben onder een aardbeving met een epicentrum dicht bij de stad. Dat Istanbul zo kwetsbaar is, heeft ondermeer te maken met de bouwstijl in de metropool. Omdat grond duur is, dijen gebouwen soms wel een meter uit tussen de bodem en de bovenste etage om zo meer ruimte te creëren. Zo'n omgekeerde piramideconstructie is levensgevaarlijk in het geval van een aardbeving – het gebouw gaat dan zwiepen waardoor de kans op schade sterk wordt vergroot. Bovendien wordt in de metropool gebouwd waar het maar kan. In een wijk als Taksim (waar de ondergrond hard is) hoeft dat geen probleem te zijn, maar de zachte ondergrond van Avcılar maakt die wijk kwetsbaar. Een laatste factor is dat het toezicht op de bouw slecht was, en is: maar liefst 70 procent van de gebouwen voldoet niet aan alle vereisten.

Dat laatste maakt veel Turkse experts woedend. Volgens hen heeft de Turkse overheid na de ramp van 1999 veel te weinig gedaan om nieuwe problemen te voorkomen. Zo hadden in Istanbul 3.600 publieke gebouwen (naast regeringskantoren ook bijvoorbeeld ziekenhuizen) verstevigd moeten worden. In 2006 was dat nog maar met 1 procent gebeurd. Ook een transformatorstation is onveilig. Bij een aardbeving zit een groot deel van Istanbul direct zonder stroom.

De controle op de bouw schiet nog steeds tekort. Na de ramp van 1999 werden vooral aannemers in de beklaagdenbank gezet – zij zouden te weinig beton hebben gebruikt, waardoor gebouwen inzakten als een kaartenhuis. Ongetwijfeld was die kritiek terecht, maar het probleem gaat veel dieper. De laatste dertig jaar kende Turkije een enorme urbanisatie. Zeker vanuit het zuidoosten kwamen honderdduizenden mensen naar Istanbul. De stad kon die toeloop simpelweg niet aan. Nieuwkomers zetten in één nacht hun *gecekondu's* neer, om naar een dak boven hun hoofd te hebben. De autoriteiten lieten dat oogluikend toe, omdat zij ook niet wisten waar alle nieuwkomers te huisvesten. Sterker nog: bij plaatselijke verkiezingen beloven politici bouwvergunningen, om zo meer stemmen te krijgen.

Niet alle gebouwen in Istanbul zijn krakkemikkig. In de wijk ten noorden van Taksim hebben veel banken en grote Turkse bedrijven hun hoofdkantoor. Deze torenflats zijn tot in de puntjes gecontroleerd, veelal door buitenlandse experts. Zij hebben vaak snufjes (zoals speciale beweegbare ondergrond, waardoor de fundamenten van het gebouw schokken kunnen opvangen) die ook in Japan worden toegepast.

Aardbevingen zijn niet alleen voor Istanbul een gevaar. Maar liefst 85 procent van Turkije ligt in de buurt van breuklijnen. De afgelopen jaren hadden bevingen plaats in Bodrum (aan de westkust), Bingöl (in het centrum) en Adana (aan de zuidkust). De discussie spitst zich echter altijd toe op Istanbul omdat bij een ernstige beving het aantal doden daar het hoogst zal liggen.

Ondanks al deze problemen zijn de inwoners van Istanbul trots op hun stad. Het centrum is door Unesco op de lijst van historische monumenten gezet. In 2010 wordt Istanbul de culturele hoofdstad van Europa. De stad is de enige die zowel een Europees als een Aziatisch deel heeft ('Welkom in Europa' staat op het bord dat je ziet als je de brug overrijdt). Zonder Istanbul waren de aanspraken van Turkije op het lidmaatschap van de Europese Unie een stuk zwakker. Istanbul is ook het levende bewijs van de nauwe band tussen bijvoorbeeld het Ottomaanse Rijk en Europa. Zo werd de wijk Pera (vlak bij Taksim, bekend door onder andere de Istiklal Caddesi waar een groot aantal huizen in de 'Franse' stijl is gebouwd) in de 19de eeuw vooral bewoond door Europeanen. In de wijk Sultanahmet is die band nog nauwer. Daar is bijvoorbeeld de Aya Sofia – nu een museum, ooit een moskee, maar aanvankelijk een monument dat door de Byzantijnen werd neergezet om (de christelijke) God te eren.

Ankara, dorps en modern

Zo trots als veel Turken zijn op Istanbul, zo negatief zijn zij over de hoofdstad Ankara. Columnisten schrijven dat ze zich maar op één moment gelukkig voelen in Ankara: als de terugreis naar Istanbul begint. Geheel onbegrijpelijk is dat niet: vergeleken met de enorme historische rijkdom van Istanbul is Ankara een dorp. Toen Atatürk Ankara tot hoofdstad van de nieuwe republiek maakte, hadden weinigen van het gehucht gehoord.

Het belangrijkste monument in de Turkse hoofdstad is het mausoleum voor Atatürk. Hele generaties Turkse schoolkinderen hebben een bezoek gebracht aan de laatste rustplaats van de vader van de Republiek. In het mausoleum is een groot aantal voorwerpen te zien die Atatürk gebruikte – waaronder whiskyglazen (hij was bepaald geen geheelonthouder). Daarnaast zijn er maquettes (compleet met het geluid van donderende kanonnen) van belangrijke slagen uit de strijd voor de onafhankelijkheid na de Eerste Wereldoorlog, toen onder andere Britse en Griekse legers delen van het huidige Turkije bezetten.

Ankara is vooral een stad voor ambtenaren en politici. Dat maakt dat er een grote laag in de stad is van goed opgeleide, moderne Turken. In het land gelden strenge voorschriften voor de hoofddoek, die bijvoorbeeld in ministeries niet gedragen mag worden. Mede daarom is Ankara een stad waar veel moderne, goed opgeleide vrouwen wonen. Vergeleken met Istanbul, waar veel inwoners uit de dorpen komen, is Ankara een bolwerk van moderniteit.

Kleinere steden en het platteland

De enorme variëteit van Turkije blijkt ook uit het eigen karakter van zo ongeveer elke stad. Izmir, aan de kust in het zuidwesten, staat vooral bekend om zijn republikeinse gezindheid. Ooit heette de stad Smyrna en woonde er een groot aantal Grieken. Na de troebelen na de Eerste Wereldoorlog, toen de stad enige tijd door Griekse legers werd bezet, zijn er daar weinig van overgebleven. Inwoners van Izmir hebben vaak het idee dat zij de enigen in Turkije zijn die Atatürks droom van modernisering en Europeanisering in de praktijk hebben gebracht. Hoe sterk dat gevoel in de stad leeft, bleek in 2007. Abdullah Gül was toen kandidaat voor het presidentschap. Veel seculiere Turken hadden daar grote problemen mee omdat de vrouw van Gül een hoofddoek draagt en hijzelf diepgelovig is. Als Gül president wordt (wat hij uiteindelijk toch werd) dan wordt de erfenis van Atatürk verkwanseld, zo was de gedachte. In een serie demonstraties protesteerden seculiere Turken tegen de kandidatuur van Gül. In Izmir, dat een bevolking heeft van zo'n twee miljoen, waren er maar liefst een miljoen demonstranten – niet alle-

Uludağ is Turkije's belangrijkste skicentrum, gelegen in een nationaal park in de buurt van de stad Bursa. Foto: Bert Spiertz

maal afkomstig uit de stad zelf, maar een groot gedeelte wel. Toen de demonstratie had plaatsgehad liet de gemeente foto's van de bijeenkomst ophangen met daaronder de tekst: 'Uw kinderen zullen U morgen dankbaar zijn.'

De steden in het gebied bij de Zwarte Zee hebben weer een heel ander karakter. Dat geldt met name voor Trabzon. Net als Izmir heeft Trabzon een verleden met een sterke Grieks-orthodoxe component. Trabzon heette ooit Trebizond en was het laatste gebied dat in Byzantijnse handen verkeerde voor het in 1461 viel. Inmiddels staat Trabzon juist bekend om de nationalistische gevoelens van zijn inwoners – de ultranationalistische MHP is van oudsher sterk in de stad. Trabzon stond na de val van de Sovjet-Unie ook lange tijd bekend als de prostitutiehoofdstad van Turkije. Russische dames, die vanwege de armoede in de voormalige Sovjet-Unie weinig keuze hadden, kwamen de grens over om in Trabzon het leven in te gaan. Het eigen karakter van Trabzon en in het algemeen het gebied van de Zwarte Zee, is in Turkije zelf een continue bron van vermaak. Zo zijn er legio moppen over de inwoners van het Zwarte Zeegebied. Het gebied is van oudsher een mix van volkeren en geloven: naast Turkse moslims en Grieks-orthodoxen woonden er ook grote groepen Armeniërs. Een aparte etnische groep zijn de Laz: zij staan bekend om hun koppigheid en de geheel eigen wijze waarop zij Turks spreken.

Geheel anders weer is Diyarbakır in het zuidoosten. Koerdische Turken refereren vaak aan de stad als hun 'hoofdstad' en dat is niet verwonderlijk: de overgrote meerderheid van de bevolking is Koerdisch. Diyarbakır heeft een moeilijk verleden achter de rug en dat is in de stad nog goed te voelen. Op het hoogtepunt van de strijd tussen de PKK en het Turkse leger waren moeders bang als hun zoon een half uur te laat thuiskwam – zou hij opgepakt zijn door de politie? De laatste jaren gaat het beter in de stad. Een grote rol hierbij speelde Gaffer Okan, de charismatische politiecommissaris die uiteindelijk werd vermoord. Hij deed zijn best om contacten te leggen met de bevolking. De troebelen in de regio hebben ertoe geleid dat het Turkse leger veel dorpen ontruimde – veel van de Koerden die daar woonden, zijn naar Diyarbakır getrokken. Dat

De Bosporus: oversteken met de pont of een taxiboot is een alternatief voor de overbelaste brug.

Kersen plukken: grote delen van het Turkse platteland zijn ontvolkt door de massale trek naar de stad. Foto: Bert Spiertz

maakt de stad, die nu meer dan een miljoen inwoners heeft, overbe-
volkt. In arme wijken als Bağlar is de onvrede over de Turkse Republiek
groot – de Koerden, die vaak slecht Turks spreken, kunnen in Diyarbakır
geen leven opbouwen en sympathiseren in hoge mate met de PKK.

Anders aan de Zwarte Zee

*In Turkije wordt vaak gezegd dat mensen uit het gebied van de Zwarte
Zee 'anders' zijn. Ontelbaar zijn de grappen die over hen de ronde
doen. Neem deze. Een vliegtuig stort neer op een kerkhof. De Turkse
regering stuurt Temel, afkomstig uit het gebied van de Zwarte Zee, er
op uit om te kijken hoe groot de schade is. Er zaten twee mensen in
het vliegtuig, dus meer dan twee doden kan het verlies niet zijn. Maar
Temel loopt rond op het kerkhof en ziet het anders. 'Het is een zware
ramp', zegt hij, 'het aantal doden hier valt niet te tellen'.*
*Veel inwoners van de Zwarte Zeeregio vinden zelfs dat ze fysiek anders
zijn. Trabzon bijvoorbeeld staat bekend als een stad waar de inwoners
grote neuzen hebben. Elk jaar wordt daar een kampioenschap gehou-
den om te kijken wie de grootste neus heeft. Feit is dat de inwoners
van Trabzon een soort Turks spreken dat verschilt van wat in Istanbul
de standaard is. Zo zeggen zij niet 'geldim' (ik ben gekomen) met een
g zoals in Istanbul, maar ze spreken de g uit als djs, 'djseldim' dus.*

Geboorteplaats

Turkije kent een grote paradox. Als je in Istanbul aan inwoners vraagt
waar ze vandaan komen, is het antwoord vrijwel nooit 'Istanbul' maar
altijd Sivas, Diyarbakır of een andere stad. In Turkije wordt de oorspronkelijke geboorteplaats de *memleket* genoemd – ook al woont een
familie al twee generaties elders, het memleket blijft het memleket. De
grote paradox is natuurlijk dat op veel plekken in Anatolië nauwelijks
meer mensen zijn – veel dorpen staan in de winter leeg en worden alleen
in de zomer, tijdens de vakantieperiode, bevolkt.

Verschillende regeringen hebben maatregelen genomen om de investeringen op het platteland te stimuleren, om zo de trek naar de stad af te

remmen. Met weinig succes. Premier Erdoğan stelde ooit voor een apart paspoort in te voeren om dorpsbewoners er van te weerhouden naar de stad te komen. Dat is er nog niet van gekomen, maar het geeft aan hoe groot het probleem is. Het gebrek aan ontwikkeling op het platteland maakt dat veel plattelandsgebieden (niet alle: in Aydın en omstreken bijvoorbeeld is de grond uiterst vruchtbaar) zich simpelweg niet ontwikkelen en in armoede blijven steken. Mocht Turkije ooit bij de Europese Unie komen, dan zullen deze gebieden als eerste een beroep doen op de Europese fondsen.

Turkse bevolkingsbom?

Hoeveel inwoners heeft Turkije? In 2000 organiseerden de autoriteiten een volkstelling. Een dag lag het hele leven stil, niemand mocht de straat op. Afgezien van de honderdduizenden enquêteurs die, gewapend met lange vragenlijsten, de huizen afgingen. In de media werd flink geginnegapt over al die registratiedrift (wat moesten enquêteurs bijvoorbeeld doen met transseksuelen: moesten die nu als man of als vrouw de annalen in?) maar feit was dat de enquête een goed beeld gaf van de demografische ontwikkeling van Turkije. Het land, zo was de conclusie, telde 67,8 miljoen inwoners.

Die conclusie had enorme implicaties, niet in het minst voor een eventueel Turks lidmaatschap van de Europese Unie. Vanaf het ontstaan van de Europese Economische Gemeenschap was er een relatie tussen het aantal inwoners van een land en zijn rijkdom: grote landen zoals Duitsland en Frankrijk waren ook zeer welgesteld. Daardoor was een besluitvormingsmechanisme in de Europese Gemeenschap mogelijk op basis van bevolkingsaantallen. Turkije zou met die traditie breken: het land heeft een grote bevolking maar blijft wat nationaal inkomen per hoofd van de bevolking betreft, bepaald achter. Binnen de Europese Unie bestaat grote weerstand om Turkije, als het ooit lid wordt van de Unie, hetzelfde aantal stemmen te geven als bijvoorbeeld Frankrijk. De inmiddels 75 miljoen Turken jagen veel Europeanen ook om een andere reden angst aan. Als Turkije lid wordt van de Europese Unie, zo klinkt het vaak in de Europese media, zullen honderdduizenden Turken hun boeltje pakken en naar West-Europa komen. Zeker gezien de al bestaande integratieproblemen met minderheden is dat een vooruitzicht dat weinig Europeanen aanspreekt.

De omvang van de Turkse bevolking zal rond 2050 stabiliseren, verwachten deskundigen. Is er dan geen tikkende Turkse bevolkingsbom, zoals tegenstanders van het Turkse lidmaatschap vrezen? Het antwoord op die vraag is niet met een simpel ja of nee te beantwoorden. Natuurlijk kan de Europese Unie, als Turkije lid zou worden, allerlei protocollen opstellen om de toestroom van Turkse immigranten naar West-Europa in te dammen. De vraag is of zulke protocollen werken: als mensen hun land willen verlaten dan doen zij dat toch, leert de geschiedenis. Of de

Turken hun land willen verlaten, hangt van een aantal factoren af. De belangrijkste daarvan is of zij in eigen land een goed leven kunnen vinden. De afgelopen jaren is de economie als kool gegroeid. In het westen van het land is het voor iemand met enige scholing niet zo moeilijk meer een baan te vinden. Turkse demografen onderstrepen dat in een stad als Istanbul de kijk op kinderen al is veranderd. Vroeger waren kinderen een soort verzekering voor de oude dag, zij konden voor je zorgen als je fysiek minder werd. Tegenwoordig zijn Turkse ouders in stedelijke agglomeraties zich vooral bewust van hun plichten ten opzichte van kinderen. Een kind goed opvoeden is duur. Het aantal kinderen per vrouw is in Istanbul al gedaald. Die omslag geldt voor alle bevolkingsgroepen: niet alleen de stedelijke elite, maar ook bijvoorbeeld nieuwkomers van het platteland nemen al snel dat patroon over.

Stevig groeiende bevolking

Omvang bevolking
  1997: 62,6 miljoen
  2007: 75,2 miljoen
  prognose 2050: 101,2 miljoen
Bevolkingsgroei: 1,3%
Levensverwachting: mannen 67,3 jaar; vrouwen 72 jaar
Aantal kinderen per vrouw: 2,3
Zuigelingensterfte (per 1.000): 37
Bron: UNFPA 2007

Maar er bestaan nog steeds grote verschillen tussen Istanbul en het platteland in bijvoorbeeld het zuidoosten. De vruchtbaarheid (het aantal levend geboren kinderen per vrouw) bedroeg in 2000 in Istanbul 1,97, in Diyarbakır (waar veel Koerden wonen) maar liefst 4,51. Inwoners van Istanbul spreken ook wel eens over een bevolkingsbom, maar zij hebben het dan over Koerden die naar West-Turkije komen. Sommige nationalisten zijn zelfs bang dat er op termijn meer Koerden in Turkije zullen zijn dan Turken.

Illegale immigranten

Het is een belangrijk discussiepunt tussen de Europese Unie en Turkije: de illegale immigratie. Bijna elke week is er wel een schip met illegalen dat zinkt of waarvan de opvarenden worden opgepakt als het van Turkije naar Griekenland probeert te varen. Ook de grens bij Edirne met Bulgarije en Griekenland is berucht – daar schuilen illegalen in de velden, om vervolgens 's nachts te proberen de grens over te steken. De Europese Unie verwijt Turkije vaak dat het niet voldoende actie onderneemt om hen tegen te houden. Turkse functionarissen zijn sceptisch: 'Ik krijg hier mensen uit 72 landen', zei een politiecommandant in Edirne. 'In al die landen heb je problemen. Zolang mensen daar blijven denken dat ze een beter leven in Europa krijgen, zullen ze het blijven proberen.' Hoeveel illegalen vanuit Turkije de sprong naar Europa wagen is moeilijk te zeggen. Maar in 2005 stuurde de Turkse overheid ruim 57 duizend illegalen terug naar het land van herkomst. Sommigen in Brussel zien het Turkse kandidaat-lidmaatschap als een goed middel om Turkije te dwingen de problematiek serieus aan te pakken. Als het ooit lid wil worden van de Unie, zo luidt dat argument, moet het wel eerst de illegale immigratie aanpakken.

Ook daar is de realiteit minder simpel dan zij lijkt. Als de economische situatie in Zuidoost-Turkije beter wordt, zal het aantal kinderen per vrouw, net als in Istanbul, afnemen. Daarnaast zijn ook in het zuidoosten klinieken waar vrouwen gratis medisch advies krijgen als zij aan geboortebeperking willen doen. De Turkse regering is een grote campagne gestart voor een betere opleiding van jonge meisjes in dat gebied. De UNFPA, de bevolkingsorganisatie van de Verenigde Naties, onderstreept dat *empowerment* van vrouwen een essentiële factor is om de groei van de bevolking onder controle te krijgen. De overheidscampagne 'Kom op meisjes, we gaan naar school' (met steun van het bedrijfsleven en Unicef) is dus van groot belang op langere termijn.

Daar staat tegenover dat de politieke situatie in het zuidoosten de afgelopen jaren is verslechterd. De vijandelijkheden tussen het Turkse leger en de PKK van Abdullah Öcalan zijn weer opgelaaid. Dat maakt Turkse bedrijven huiverig om in het zuidoosten te investeren, omdat nooit duidelijk is wat de dag van morgen zal brengen. Het versterkt ook de neiging bij veel Koerden om het arme, problematische gebied te verlaten en naar Istanbul te gaan.

Armeniërs omstreden minderheid

Nationalistische Turken beweren vaak en graag dat de bevolking van Turkije homogeen is en 'anders'. Hoe ver ze daarmee gaan, bleek na de grote aardbeving van 1999. West-Europese landen boden Turkije bloed aan voor transfusies, maar de toenmalige minister van Volksgezondheid sloeg het aanbod beleefd maar beslist af. Het argument: Turks bloed is 'anders'. Zo'n zeven jaar later kreeg de Turkse professor Baskın Oran een rechtszaak aan zijn broek omdat hij het woord 'Turk' wilde vervangen door *Türkiyeli*. Turk staat voor etnische Turk, aldus Oran, en in Turkije zijn er ook andere groepen zoals Koerden, Turken die uit de Balkan komen en ga zo maar door. 'Türkiyeli' (woonachtig in Turkije) is daarom een betere term, aldus Baskın Oran (die overigens uiteindelijk werd vrijgesproken).

De laatste jaren zijn de Armeniërs de meest omstreden minderheid in Turkije. Hoeveel woede zij kunnen opwekken bleek bij de tragische moord op Hrant Dink, de Turks-Armeense hoofdredacteur van de tweetalige krant *Agos*. In januari 2007 werd hij in de Istanbulse wijk Osmanbey op straat voor zijn kantoor doodgeschoten. Dink was in de jaren voor zijn dood al omstreden. Volgens extreme nationalisten had hij Turkije beledigd door te stellen dat er 'vergif' zit in Turks bloed. Dink verklaarde zelf meerdere keren dat hij dat helemaal niet had gezegd – hij had juist gezegd dat Armeniërs zich niet altijd maar met het verleden moesten bezighouden omdat hen dat 'vergiftigt'. Zij zouden zich meer op de toekomst, en in het bijzonder op de nieuwe Armeense staat, moeten richten. Kennelijk hadden extremistische nationalisten daar geen boodschap aan: Ogün Samast, een minderjarige jongen uit de stad Trabzon aan de Zwarte Zee, vermoordde Dink. Voor liberale Turken was de moord op Dink een groot trauma: zij dachten dat hun land op weg was naar een meer kosmopolitische en tolerante fase; de moord op Dink liet zien dat extremistische nationalisten Armeniërs nog steeds als een 'vijfde colonne' zien.

Hoe diep die haat zit, bleek in de maanden na de moord. Armeense instellingen werden bestookt met haatmails en -telefoontjes. Steeds duidelijker werd dat de moord op Dink het resultaat was van een complot. De opdrachtgevers van de moord waren te zoeken in kringen van het veiligheidsapparaat (geheime dienst, politie, gendarme), aldus Turkse onderzoeksjournalisten, maar zij zullen nooit voor het gerecht verschijnen.

Niet altijd was de positie van Armeniërs zo precair. In het Ottomaanse Rijk bereikten Armeniërs vaak hoge posities. Neem Haroutian Amira Bezdjian, een adviseur van sultan Mahmut II. De sultan was zo gehecht aan Bezdjian dat, toen deze in 1833 stierf, zijn as in een boot werd gelegd. Deze werd langs het paleis van de sultan in Besiktas geroeid zodat hij persoonlijk van zijn geliefde adviseur afscheid kon nemen. Tot ongeveer 1890 werd de Munt in Istanbul geleid door Armeniërs – de archieven werden bijgehouden in de Armeense taal.

Dat de verhouding tussen Armeniërs en het Ottomaanse bestuur zo problematisch werd, had ermee te maken dat de laatste steeds meer aan kracht inboette en de veiligheid van de Armeniërs niet meer kon garanderen. Bovendien eiste een groep Armeniërs, geïnspireerd door het nationalisme dat in de 19de eeuw in West-Europa steeds meer een politieke kracht werd, een eigen staat (of in ieder geval autonomie). Langzaam maar zeker begonnen de Ottomaanse autoriteiten de Armeniërs als een gevaar te beschouwen voor de veiligheid van het Rijk.

De tragische ontknoping van dit alles had plaats tijdens de Eerste Wereldoorlog. De Ottomaanse autoriteiten besloten alle Armeniërs vanuit het noordwesten te transporteren naar het huidige Syrië. Het was een gruwelijke tocht, waarbij naar alle waarschijnlijkheid meer dan een miljoen mensen om het leven kwamen. In de Armeense hoofdstad Erevan zijn in het Museum van de Genocide tragische foto's te zien van deze huiveringwekkende nachtmerrie.

Veel Turken zijn er ook van overtuigd dat het plan achter de gedwongen migratie de totale uitroeiing van de Armeniërs was. 'Mijn opa vertelde altijd dat ze opdracht kregen van de autoriteiten alle Armeniërs in ons dorp (bij Hatay) dood te knuppelen', zei bijvoorbeeld een man in Istanbul. Maar de meeste Turkse historici zien dit anders. Zo schreef de befaamde historicus Yusuf Halaçoğlu ooit dat de Ottomaanse autoriteiten de Armeniërs tijdens het transport naar Syrië voorbeeldig behandelden. Toch erkent de Turkse overheid dat er een half miljoen mensen tijdens het transport om het leven kwamen. Diezelfde overheid weigert echter consequent de term 'genocide' te gebruiken omdat het in haar ogen niet om een vooropgezet plan ging. Historici die wel uitgaan van een genocide wijzen er op dat de orders via een informeel maar zeer machtig netwerk liepen en dat het daarom niet verrassend is dat er geen schriftelijke sporen van zijn.

De laatste jaren staat de Armeense kwestie weer in het brandpunt van de belangstelling. Tot woede van Turkije namen parlementen in een aantal landen resoluties aan waarin wordt gesteld dat er wel degelijk een genocide plaatshad. De emoties liepen hoog op in Turkije toen Frankrijk in 2006 een wet aannam die ontkenning van de genocide strafbaar stelde. Hrant Dink (die ook van mening was dat er een genocide had plaatsgehad) zei dat hij naar Frankrijk zou vliegen en daar de genocide zou ontkennen om zo op te komen voor de vrijheid van meningsuiting. Veel Turken vinden dat de Europese Unie de Armeense kwestie simpelweg gebruikt om Turkije buiten de deur te houden. Daarnaast beschuldigen zij Frankrijk van dubbele standaarden. Het Turkse parlement dreigde zelfs een resolutie aan te nemen waarin ze de Franse 'genocide' in Algerije veroordeelde, maar zag daar uiteindelijk van af.

Ondanks al deze spanning is er tegelijkertijd sprake van sociale en culturele toenadering. Zo was er in 2006 een succesvolle fototentoonstelling in Istanbul, waarbij Turkse fotografen naar Erevan keken en Armeense fotografen naar Istanbul. Ook is er inmiddels structureel contact tussen Armeense en Turkse historici. Op 'neutraal' terrein, in de Amerikaanse stad Chicago, vond een conferentie plaats waar beide partijen open over de genocide spraken. Een soortgelijke conferentie vond ook in Istanbul plaats, ondanks pogingen deze te verhinderen. De belangstelling groeit voor de Armeense component van de Turkse geschiedenis. Zo schreef een Turkse advocate een boek over haar grootmoeder die Armeens bleek te zijn en, zoals zoveel andere kinderen, ten tijde van de genocide door Turkse moslimouders was geadopteerd. Het boek werd een ware bestseller in Turkije – verschillende artiesten lieten weten ook Armeense wortels te hebben. In Istanbul is er bij het Surp Pirgiç-ziekenhuis nu ook een Armeens museum. Dit zogeheten Museum van de Broederschap werd geopend door premier Erdoğan. Het was een symbolische daad van de regering om te laten zien dat, wat haar betreft, Armeniërs volwaardige burgers zijn die wel degelijk bij Turkije horen. Sommige historici van het Ottomaanse Rijk stellen dat de modernisering in de 19de eeuw vooral door minderheden als Armeniërs en Grieks-orthodoxen werd gedragen – zij vormden een middenklasse die in nauw contact stond met de nieuwste ontwikkelingen in West-Europa. Toen deze groepen in de woelige jaren aan het begin van de 20ste eeuw verdwenen, was dat een verlies dat de nieuwe republiek pas na tientallen jaren te boven kwam.

De laatste Grieks-orthodoxen

Ook de geschiedenis van de zogeheten *Rum* (Grieks-orthodoxe Turken) is tragisch. Naar schatting zijn er nu nog 4.000 van hen over, in meerderheid in Istanbul. De Grieks-orthodoxen werden vooral het slachtoffer van de spanningen tussen Griekenland en het Ottomaanse Rijk/Turkije – ook zij werden gezien als een soort vijfde colonne die alleszins bereid was het vaderland te verraden. Net als bij de Armeniërs leidde dat tot gebeurtenissen van een intense tragiek. Zo bezette het Griekse leger na de Eerste Wereldoorlog Smyrna (Izmir) en hield daar behoorlijk huis – in het legermuseum in Harbiye in Istanbul is nog de Griekse vlag te zien die toen boven de stad wapperde. Toen de Turken het bestuur van de stad weer overnamen, hielden zij op hun beurt huis onder de Rum in de stad.

Ook deze kleine gemeenschap is inzet van een conflict tussen de Europese Unie en Turkije. Brussel wenst volledige vrijheid van godsdienst en eist daarom heropening van het Grieks-orthodoxe seminarie op het Heybeli-eiland bij Istanbul. Als de Rum geen nieuwe priesters kunnen opleiden, zo is de gedachte, sterft hun toch al geringe gemeenschap geheel uit en daarmee honderden jaren van Turks-Ottomaanse geschiedenis. Liberale Turken zijn het daarmee eens, maar hun nationalistische landgenoten zien dan anders. De tijd van de bittere vijandschap tussen Griekenland en Turkije is voorbij, maar geregeld nog zijn er incidenten. Zo sloot de regering YouTube, nadat Griekse nationalisten er beledigende filmpjes over Atatürk, de vader van de Turkse Republiek, op hadden gezet. Natuurlijk blijft ook Cyprus een twistappel – een plan tot hereniging mislukte in 2004 omdat de Grieks-Cyprioten tegenstemden. Niet alleen nationalisten hebben overigens problemen met de Rum. Toen de paus in 2006 Turkije bezocht, waarschuwde de nestor van het Turkse moslimfundamentalisme, Erbakan, dat de kerkvorst van plan was samen met de Grieks-orthoxe patriarch Bartholomeos het Byzantijnse Rijk nieuw leven in te blazen. Vanwege dergelijke gevoelens heeft de Turkse regering tot nog toe geen stappen genomen om het seminarie te heropenen.

De historische erfenis van Turkije is ook voor christenen van belang. Zo staat er in Efeze een huisje waar Maria gestorven zou zijn. Paus Benedictus XVI droeg tijdens zijn bezoek aan Turkije een mis op in Efeze.

Koerden in de tang

De grootste 'minderheid' zijn ongetwijfeld de Koerden. Ook hun positie ligt erg gevoelig – zo reageert de regering ontstemd als Europese waarnemers het woord 'minderheid' in de mond nemen. Die term is gereserveerd voor de groepen die in het Verdrag van Lausanne (1923) als zodanig werden aangewezen, zoals de Armeniërs. Uit die periode, zo zeggen veel Koerden, stamt het onrecht dat hun is aangedaan. Atatürk, die geïnspireerd werd door de Franse Revolutie en in de unitaire staat

geloofde, hield zich uiteindelijk niet aan zijn belofte de Koerden binnen de Republiek autonomie te geven.

Hoeveel Koerden er zijn in Turkije weet niemand omdat de autoriteiten
daar geen statistieken van bijhouden. Hun aantal ligt waarschijnlijk
rond de 15 miljoen. Vanwege de vele gemengde huwelijken valt precies
tellen niet mee. Sommige historici stellen dat de Koerden al veel lan-
ger dan de Turken op het Turkse grondgebied wonen. Radicale Koerden
zeggen wel eens dat de Koerden de Palestijnen van Turkije zijn en de
Turken de Israeliërs.

De Turkse overheid wijst op de notie van het moderne burgerschap –
elke burger is voor de wet gelijk en heeft dezelfde rechten. Dat is ten
dele waar. Koerden hebben hoge functies bekleed in zowel het Turkse
leger als ook in de Republiek: de vader van de Turkse liberalisering in
de jaren tachtig, Turgut Özal, had een Koerdische achtergrond. Maar
juist omdat de Turkse staat zo unitair was en nauwelijks overweg kon met
diversiteit, was zij nauwelijks geneigd minderheidsgroeperingen speciale rechten te geven. Zo was het tot aan het begin van de jaren negentig verboden om, zelfs in privé-gesprekken, Koerdisch te gebruiken.

De Koerdische Arbeiderspartij (PKK) van Abdullah Öcalan wijst op zulk
soort verboden om te verklaren waarom zij in de bergen strijd voert met
het Turkse leger. De PKK werd in de jaren zeventig opgericht, maar be-
leefde haar bloeitijd na de Eerste Golfoorlog in het begin van de jaren
negentig. Toen trok het leger van Saddam zich noodgedwongen terug
uit Noord-Irak en kregen de Koerden daar een vorm van zelfbestuur. De
PKK maakte gebruik van dit machtsvacuüm: Noord-Irak werd de uitvalsbasis voor een stevige campagne in Zuidoost-Turkije. Veel inwoners van
dat gebied droegen de PKK een warm hart toe maar zij betaalden daar
uiteindelijk een zware prijs voor – het Turkse leger sloeg keihard terug.
Met name dorpsbewoners in het gebied werden daar het slachtoffer van.
Zij stonden tussen twee vuren: PKK-strijders kwamen 's nachts uit de
bergen en eisten voedsel. Als de inwoners dat deden, kwam vervolgens
het Turkse leger het dorp platbranden. De inwoners kregen enkele uren
om hun boeltje te pakken. Er zijn verhalen dat het Turkse leger eigen

soldaten in PKK-vermomming naar de dorpen stuurden om te testen of deze de rebellenbeweging steunden.

De jaren negentig zijn in Turkije nog een open wond. Traumaverwerking heeft nog nauwelijks plaatsgehad. Rond 2005 veroorzaakte de zaak van S.K. grote ophef. Deze Koerdische vrouw, die inmiddels in Duitsland woonde, was aan het begin van de jaren negentig opgepakt door de gendarme en naar een politiebureau gebracht. Daar werd zij geblinddoekt en door de aanwezige soldaten verkracht. Jaren later begon zij een zaak tegen alle soldaten die op dat moment op dat politiebureau aanwezig waren (ze wist immers door de blinddoek niet wie van hen schuldig was). De rechtszaak duurde zo lang dat de vergrijpen uiteindelijk verjaarden. Ook de PKK liet zich in die periode niet onbetuigd. Zo werden Turkse leraren in het zuidoosten als 'vijanden' gezien en geëxecuteerd. Ook de intern-Koerdische oppositie tegen Öcalan werd het zwijgen opgelegd.

Toen Öcalan in 1999 in Kenya werd gearresteerd en door commando's naar Turkije werd gebracht, hoopten veel Turken dat een einde zou komen aan het leed. Puur militair gezien was de PKK al jaren eerder een zware klap toegebracht; nu de leider van de beweging onschadelijk was gemaakt, zou het einde nabij zijn. Turkije vierde dagenlang feest. Na een kort proces werd Öcalan veroordeeld tot de doodstraf – die werd later omgezet in een levenslange gevangenisstraf omdat Turkije de doodstraf afschafte.

De daarop volgende jaren kregen veel Koerden hoop dat zij uiteindelijk hun plek in de Turkse Republiek zouden vinden. Mede onder druk van de Europese Unie gaf Turkije in hoog tempo nieuwe rechten aan de Koerden. Zo werden Koerdische uitzendingen op radio en televisie in beperkte mate mogelijk. Ook mochten privéscholen les in het Koerdisch geven. De Turkse regering kwam zelfs met voorstellen om sommige categorieën PKK-strijders (degenen die geen Turkse soldaten hadden gedood) amnestie te verlenen.

En daar liep het uiteindelijk mis. De PKK eiste volledige en onvoor-
waardelijke amnestie; door binnenlandspolitieke druk (vooral van de
ouders die hun zoon in de strijd tegen de PKK hadden verloren) kon de
Turkse regering daar niet op in gaan. Langzaam maar zeker laaide de
strijd weer op. Ook West-Turkije kreeg er nu mee te maken: een Koerdische extremistische beweging met de naam Valken voor de Vrijheid
van Koerdistan pleegde bomaanslagen in badplaatsen als Marmaris. De
PKK ontkent dat zij banden onderhoudt met de Valken maar de Turkse
autoriteiten gaan er van uit dat de PKK en de Valken loten zijn van dezelfde terroristische stam. In het voorjaar van 2007 liep de spanning
weer zo hoog op dat het leger liet weten dat de tijd rijp was voor een
invasie in Noord-Irak.

Natuurlijk lost zo'n invasie weinig tot niets op. Vooral de grote armoede
in Zuidoost-Turkije leidt tot steun voor de PKK. In Diyarbakır is de PKK
vooral populair in wijken met nieuwkomers. Deze mensen werden vaak
ruw door het Turkse leger uit hun dorp verjaagd. Zij spreken geen of
slecht Turks en kunnen het hoofd nauwelijks boven water houden. In
2006 leidden geruchten dat het Turkse leger chemische wapens had
gebruikt in de strijd tegen de PKK er in zulke wijken, waar de problemen toch al immens zijn, toe dat de vlam in de pan sloeg en er onlus-
ten uitbraken.

Aan de rand van Europa, of toch niet?

Als Turken willen bewijzen dat Turkije altijd 'Europees' is geweest, hoeven ze slechts te wijzen op het begin van de westerse filosofie. Die begon immers met de filosoof Thales van Milete, volgens wie de essentie van alles wat er is uit water bestaat. Milete ligt in Klein Azië – zou Thales vandaag de dag hebben geleefd, dan had hij een Turks paspoort gehad. Turkse historici hebben het echter nooit over Thales; liever staan zij stil bij stenen die in het huidige Mongolië zijn gevonden. Daarop staat de oudste Turkse tekst – een teken dat de Turken oorspronkelijk afkomstig zijn uit Centraal-Azië.

Ook over het Byzantijnse Rijk, dat Constantinopel toch als hoofdstad had, krijgt de Turkse jeugd op school weinig tot niets te horen. Hoe politiek gevoelig de Turkse geschiedenis nog ligt, bleek tijdens de repetities voor de finale van het Songfestival, dat in 2004 in Istanbul plaatshad. Toen (Grieks-)Cyprus zijn punten gaf, ontstond er een rel. 'Goedenavond Konstantinopolis', klonk het vanuit Nicosia. Direct werd de repetitie stilgelegd en kregen de Grieks-Cyprioten te horen dat de stad waar zij het over hadden, sinds 1453 Istanbul heet. Op de avond van het songfestival zeiden de Grieks-Cyprioten simpelweg 'goedenavond' en voegde daar noch Constantinopel noch Istanbul aan toe.

De Turkse geschiedenis is controversieel tot op de dag van vandaag. Zeker sinds de tijd van Atatürk wordt geschiedenisles op scholen gebruikt om kinderen trots te laten zijn op hun land. Dat leidt tot een historisch wellicht niet geheel correcte visie op het Ottomaanse Rijk. Natuurlijk was het feit dat dat Rijk er überhaupt kwam, een prestatie van ongekend formaat – de Turken waren oorspronkelijk nomaden maar slaagden erin een rijk te stichten dat zich op het toppunt van haar macht uitstrekte van Noord-Afrika tot aan Saudi-Arabië. De Turken bezetten ook een groot deel van de Balkan. Dat bracht hen tot aan Wenen – het beleg van deze stad speelt tot op de dag van vandaag een rol in de weerzin van veel Oostenrijkers tegen een Turks lidmaatschap van de Europese Unie.

Het onopgeloste probleem Cyprus

Sommige historische dossiers zijn nog lang niet afgesloten in Turkije. Dat geldt bijvoorbeeld voor de kwestie-Cyprus. Veel Turken vinden dat de Europese Unie absoluut geen idee heeft van wat er op het eiland is gebeurd en, zonder ook maar serieus over de kwestie na te denken, partij kiest voor de Grieks-Cyprioten. Volgens Grieks-Cyprioten begon het probleem-Cyprus in 1974, toen het Turkse leger het noorden van het eiland bezette. De inval leidde in 1983 tot de stichting van de zogeheten Turkse Republiek Noord-Cyprus, die alleen door Turkije wordt erkend.

Turks-Cyprioten worden woedend als ze deze versie van de gebeurtenissen horen. Het probleem op Cyprus begon veel eerder, zo zeggen zij, en wel toen Grieks-Cypriotische extremisten van de EOKA-beweging, die aansluiting van Cyprus bij Griekenland wilde, Turks-Cyprioten begonnen te vermoorden. Toen Grieks-Cypriotische extremisten in 1974 een staatsgreep pleegden had Turkije geen andere keus dan in te grijpen, aldus de Turkse versie, anders zouden de Turken de zee in zijn gedreven. Nog steeds ligt de kwestie-Cyprus erg gevoelig in Turkije. Zo weigert Turkije zijn havens en vliegvelden open te stellen voor schepen en vliegtuigen van de (Grieks-Cypriotische) Republiek Cyprus. Een referendum om het eiland te herenigen liep in 2004 mis op een massaal 'nee' van de Grieks-Cyprioten. Duidelijk is dat Turkije geen lid kan worden van de Unie als Cyprus geen eenheid wordt, maar vooralsnog is volstrekt onduidelijk hoe er definitief vrede op het eiland kan komen.

Een slechte naam in Europa

De Ottomaanse expansiedrift heeft hun reputatie in de westerse geschiedenisboeken bepaald geen goed gedaan. Turkse historici zien de oorlogen tussen het Ottomaanse Rijk en het 'Westen' als een intra-Europees conflict; veel Europese historici beschouwen het juist als een conflict tussen Europa en een vijand van buitenaf. West-Europeanen zagen de Turken als ongelovige barbaren, die tot alles in staat waren. In de 19de eeuw, toen in de Balkan opstanden uitbraken tegen het Ottomaanse bestuur, was er in West-Europa veel sympathie voor de (christelijke) rebellen; de Ottomaanse sultan werd afgeschilderd als een despoot die niets liever deed dan niet-moslim onderdanen aan het zwaard rijgen.

Tulpen waren buitengemeen geliefd in het Ottomaanse Rijk. Zo liet sultan Murat III in 1577 300.000 tulpen uit de Krim komen. Vanuit het Ottomaanse Rijk kwamen de tulpen vervolgens naar West-Europa. Veel Turken zijn van mening dat niet Nederland, maar Turkije het werkelijke land van de tulpen is.

Natuurlijk is dat beeld verre van de waarheid – het Ottomaanse Rijk was een van de grote beschavingen in de wereldgeschiedenis. Een van de opvallendste kenmerken van het Rijk was nu juist dat niet-moslim onderdanen er over het algemeen goed konden leven. Zo was de veiligheid in de eerste eeuwen dat het Rijk bestond, toevertrouwd aan de zogeheten Janitsaren – christenen die vooral op de Balkan werden geronseld. Ook na hun bekering tot de islam bleven zij hun christelijke familie en streekgenoten een warm hart toedragen. Veel hoge ambtenaren in het Ottomaanse Rijk hadden een christelijke achtergrond. Joden, zo schrijft bijvoorbeeld de Britse historicus Philip Mansell, vreesden voornamelijk Grieks-orthodoxen: die staken soms hun baard in de brand, niet de moslims.

Een aardige kijk op de verdiensten van het Ottomaanse Rijk bieden de *Turkish Embassy Letters* van lady Mary Wortley Montague (1689-1762). Toegegeven, Mary raakte tijdens haar bezoek aan de Ottomaanse contreien, waar haar man enige tijd Brits ambassadeur was, wel erg onder de indruk van wat zij zag. Een objectief historica is zij zeker niet, maar haar brieven laten het Ottomaanse Rijk wel zien van een kant die weinig Europeanen kennen – als een verlicht rijk, waar bijvoorbeeld aan de omgangsvormen de hoogste waarde werd toegekend.

Hoe onafhankelijk Mary was, bleek al op weg naar Istanbul. In een brief uit Wenen beschrijft zij hoe een graaf haar aanspoorde zich te storten in 'een kleine affaire van het hart'. Toen Mary de graaf afwees,

Toeristen in de Aya Sofia in Istanbul: nu een museum, ooit een moskee, maar aanvankelijk een Byzantijnse kerk.

Het Topkapı-paleis in Istanbul ligt fraai tussen de Gouden Hoorn en de Zee van Marmara. Sultan Mehmet II gaf in 1459 opdracht tot het bouwen van het paleis, waarna het eeuwenlang het centrum van de Osmaanse heerschappij was.

zuchtte deze maar liet daarop grootmoedig volgen dat ze dan maar moest zeggen met wie ze wel een affaire wilde. Hij zou dan zijn best doen de betreffende persoon voor haar te regelen. Veel dames zouden deze grootmoedigheid hebben beloond met een klap in het gezicht van de graaf, maar Mary reageerde anders. Als een modern cultureel antropoloog concludeerde zij dat morele regels en goed fatsoen verschillen van land tot land. 'Wie de beste opvattingen van beide hebben zullen we niet weten tot aan de dag des oordeels', liet ze daarop volgen.

Hamams (Turkse baden) waren de sociale ontmoetingsplaats bij uitstek in het Ottomaanse Rijk. Moeders zochten er een bruid voor hun zoon, buren wisselden er de laatste roddels uit. Door de modernisering van Turkije zijn er weinig hamams overgebleven, maar de laatste jaren is er een revival. De achtergrond is dat veel Turken vinden dat de maatschappij te anoniem wordt; ze verlangen terug naar het sociale contact van vroeger.

Haar open blik zorgde voor verrassende inzichten over het Ottomaanse Rijk. Zo geeft zij in haar *Brieven* een boeiend portret van Achmad Bey, het soort magistraat van wie er in het Ottomaanse Rijk velen te vinden waren. Achmad was liberaal, buitengemeen belezen en dronk vrijelijk alcohol, ook al hield hij dat geheim voor het gewone volk. De profeet Mohammed was niet tegen alcohol, zei hij, maar het alcoholverbod was om te voorkomen dat 'gewone' mensen te diep in het glaasje zouden kijken. Ook over de positie van de vrouw in het Ottomaanse Rijk kwam Mary tot verrassende conclusies. Met verbazing constateerde zij dat rijke Ottomaanse vrouwen hun eigen geld beheerden en niet vies waren van een affaire – vaak waren ze dan geheel incognito zodat de minnaar niet eens wist met wie hij van doen had. Bovenal genoot Mary van het hedonisme van de Ottomaanse cultuur – van badhuizen tot vazen tot kleren, alles moest vooral mooi zijn. 'Ik ben haast van mening dat zij het juiste idee hebben van het leven. Terwijl zij het leven consumeren in muziek, tuinen, wijn en mooi eten, pijnigen wij onze hersens met politieke spelletjes of bestuderen een wetenschap die we toch nooit

Winkel in de wijk Sultanahmet in Istanbul, waar ook de Aya Sofia te vinden is.

kunnen begrijpen, of, als we dat al doen, kunnen wij anderen er niet
van overtuigen haar de waarde te geven die wij het geven.'

De brieven van Mary Wortley zijn dus een goed tegengif tegen alle
Europese propaganda die het Ottomaanse Rijk afschildert als barbaars.
Maar Mary had te weinig oog voor een keiharde waarheid: terwijl wetenschap, vooruitgang en industrie bloeiden in West-Europa, zakte het Ottomaanse Rijk langzaam maar zeker weg. Aan het begin van de 19de eeuw
besefte ook de top van het Ottomaanse Rijk dat het zo niet verder kon
– als het wilde overleven, moest het radicaal veranderen en kernelemen-
ten van het nieuwe Europese bestel overnemen. In 1839 begon daarom
bijvoorbeeld het zogeheten *Tanzimat* met de voorlezing van een procla-
matie in het Gülhane-park in Istanbul. Onderdanen van het Ottomaanse
Rijk kregen een aantal rechten, zoals veiligheid van leven, eer en ver-
mogen. Ook werden maatregelen aangekondigd om de verdediging van
het Rijk en de belastingen beter te organiseren.

Tijd voor modernisering

Het Tanzimat zette de toon van een lange reeks pogingen om het Ottomaanse Rijk te moderniseren. 'Europeanisering' en 'modernisering'
werden vrijwel synoniem in het Ottomaanse Rijk, ook voor Atatürk, de
vader van de Turkse Republiek. Verandering van het systeem begon van
bovenaf – zo was de instigator van het Tanzimat, Mehmet Rüştu Paşa,
een topbureaucraat. Het volk werd geacht de elite te volgen en de vernieuwingen over te nemen. Het verwarrende voor veel Turken was dat
het Europa dat zij geacht werden te volgen, hen zo pover behandelde.
In de 19de eeuw, toen het Ottomaanse Rijk pas echt de zieke man van
Europa werd, waren de Europese machten vooral bezig delen van het
langzaam uiteenvallende Rijk in te pikken. Daarnaast keerde de publieke opinie in Europa zich vaak tegen de Ottomanen. Zo koos Europa vrijwel altijd partij voor de – christelijke – opstandelingen op de Balkan,
daarbij vergetend dat een grote schare moslims huis en haard moest
verlaten en geheel berooid in Istanbul aankwam.

Ottomaanse periode

11de eeuw tot 1453: Turkse stammen vallen het huidige Turkije binnen
en maken langzaam maar zeker een einde aan de heerschappij van de
Byzantijnse keizers.

1453: Sultan Mehmed de Veroveraar neemt bezit van Constantinopel.

1453-1672: Onder een lange reeks van sultans expandeert het Rijk.
Twee keer staan de Ottomaanse legers voor Wenen maar ze slagen er
niet in de stad te veroveren. Na de verovering van Podolië is het afgelopen met de expansie en zet het verval in.

1821: De Griekse provincies komen in opstand en verwerven onafhankelijkheid.

1839-1876: Tijdens het Tanzimat probeert het Ottomaanse Rijk van
boven af hervormingen door te voeren om het verval te stuiten.

1908: De Jong-Turken plegen een staatsgreep. In naam wil deze uit
het leger afkomstige groep democratie maar in feite neemt zij steeds
meer de macht in handen. Uiteindelijk bestiert een triumviraat het
Ottomaanse Rijk.

1915: De leiding van het Ottomaanse Rijk, dat inmiddels aan de kant
van Duitsland in de Eerste Wereldoorlog vecht, besluit de Armeniërs,
die het steeds meer als vijfde colonne ziet, op transport te zetten naar
het huidige Syrië. Bij de gruwelijke tocht komen tot 1,5 miljoen
Armeniërs om het leven.

1918/1919: Nadat Duitsland de Eerste Wereldoorlog heeft verloren,
trekken Britse en Griekse troepen het Ottomaanse Rijk binnen. Mustafa
Kemal speelt een grote rol in het verzet.

De Turkse Republiek

1923: De Turkse Republiek wordt gesticht. Op instigatie van Mustafa Kemal wordt het een seculiere Republiek, die aansluiting zoekt bij Europa.

1925: Koerdische stammen komen in opstand. De opstand wordt neergeslagen, een aparte identiteit wordt hen onthouden, zij worden 'Bergturken'.

1960: Het leger grijpt de macht, de eerste staatsgreep uit een reeks. Het leger ziet zichzelf als beschermheer van de principes van Atatürk.

1971: Opnieuw een staatsgreep, die echter niet verhindert dat de spanningen tussen extreemlinks en extreemrechts steeds meer toenemen. Straatgevechten zijn aan de orde van de dag.

1980: Weer een staatsgreep van de strijdmacht. Het leger schrijft een nieuwe grondwet, die tot op de dag van vandaag geldig is.

1984: De Koerdische Arbeiderspartij (PKK) van Abdullah Öcalan begint haar strijd met het Turkse leger. Tienduizenden mensen vinden daarbij de dood.

1996: De moslimfundamentalist Necmettin Erbakan wordt premier van Turkije. Het leger dwingt hem terug te treden.

1999: Abdullah Öcalan wordt gearresteerd door Turkse commando's. Het aanvankelijke doodvonnis wordt omgezet in levenslang. De Europese Unie bevestigt dat Turkije kandidaat-lidstaat is. Het is het begin van een lange reeks hervormingen.

2002: De AK-partij van premier Erdogan komt aan de macht.

Turkse historici discussiëren over de vraag in hoeverre de modernisering van het Ottomaanse Rijk succesvol was. De befaamde historicus Kemal Karpat looft de Ottomaanse intellectuelen die een synthese nastreefden van Europeanisering en de eigen Ottomaanse identiteit. Maar uiteindelijk was het Rijk niet in staat het hoofd boven water te houden. In de Eerste Wereldoorlog koos het de zijde van Duitsland – toen dat de oorlog verloor, was het einde van het Ottomaanse Rijk nabij. Terwijl buitenlandse machten delen van Turkije bezetten en de Britten het in Istanbul voor het zeggen hadden, begon Mustafa Kemal Atatürk vanuit Anatolië zijn strijd tegen de bezetter. In 1923 werd het nieuwe Turkije geboren: de republiek was gebaseerd op de principes van de Franse Revolutie. Turkije deed een nieuwe poging te Europeaniseren.

In het Topkapı-paleis in Istanbul hebben gruwelijke gebeurtenissen plaatsgehad. De doodsstrijd van Valide Kösem (1589-1651) is een goed voorbeeld. Kösem, de absolute favoriet van sultan Ahmet (1603-1617), oefende lange tijd grote macht uit in het paleis. Maar een paleisintrige werd haar noodlottig: de moeder van sultan Mehmet was jaloers op Kösems macht en wilde van haar af. Het moordplan mislukt nog bijna omdat Kösem zich verstopte in een kast in het paleis, maar een stukje van haar jurk stak de kast uit en zo werd ze toch gevonden. Naar verluidt bood ze zoveel verzet toen ze werd vermoord dat het bloed alle kanten opspatte.

Atatürk, vader van de Republiek

Toen enige jaren geleden het Amerikaanse blad *Time* een lijst maakte van de honderd belangrijkste staatslieden van de 20ste eeuw en Atatürk daar niet op stond, ontstaken veel Turken in woede. Had Atatürk niet in zijn eentje Turkije op de weg gezet van vooruitgang en secularisme? Feit is dat weinig politici in de 20ste eeuw zo'n duurzame invloed op hun land hebben gehad als Atatürk. Seculiere Turken aanbidden de vader van hun republiek nog steeds.

Atatürk was zeker een van de boeiendste leiders van zijn tijd, al was het maar omdat hij zoveel tegenstellingen in zich verenigde. Zo werd de grote voorstander van de democratie zelf steeds autoritairder: wie zijn stem tegen Atatürk durfde te verheffen, kreeg daar vroeg of laat de rekening voor gepresenteerd. De vader van de Turkse Republiek geloofde heilig in de gelijkheid van man en vrouw. Maar zijn eigen huwelijk liep mis omdat hij uiteindelijk geen vrouw aankon die voor haar eigen rechten opkwam. Atatürk geloofde dat Turkije alleen op kon stoten in de vaart der volkeren als het de weg van Europa koos. Maar tijdens de Onafhankelijkheidsoorlog aarzelde hij niet in te spelen op nationalistische en religieuze gevoelens als hij dat noodzakelijk vond.

De Turkse Republiek die Atatürk stichtte, werd vooral gekenmerkt door secularisme. Turkse medewerkers van het directoraat-generaal Religieuze Zaken onderstreepten de afgelopen jaren dat de moeder van Atatürk zeer gelovig was. Maar er bestaat weinig twijfel over dat hij dat zelf niet was. Aan het einde van zijn leven was Atatürk volgens biografen atheïst, ook al zei hij dat nooit met zoveel woorden.

Atatürks drang om van Turkije een seculiere republiek te maken, had een aantal gevolgen. Er werden maatregelen genomen om de islam onder controle van de staat te brengen. Zo schafte Atatürk het kalifaat, af omdat hij vond dat daarvoor in een seculiere republiek geen plaats was. Met het verdwijnen van het kalifaat bleef er geen taak over voor Abdülmecid, de laatste telg van het Ottomaanse geslacht van de sultans. In 1924 verliet hij, op last van het nieuwe Turkse parlement, Istanbul. De volksvergadering was, juist als Atatürk, bang dat Abdülmecid het middelpunt zou worden van religieus geïnspireerd verzet tegen de nieuwe republiek. Toen het gezelschap zich klaarmaakte om te vertrekken, beklaagde een van de aanwezige dames zich over de vele hoofddoekloze meisjes. 'Maakt U zich geen zorgen', zei iemand. 'Niemand in deze stad draagt de hoofddoek nog.'

Om de islam nog meer onder controle te houden, werd het directoraat-generaal Religieuze Zaken opgericht. In naam had – en heeft – dit directoraat tot taak voorzieningen te verzorgen voor de islamitische gelovigen; het betaalt bijvoorbeeld de salarissen van de imams. Maar de grondgedachte achter de oprichting van het directoraat was de controle die de seculiere staat wilde uitoefenen over de islam. In Turkije worden alle imams opgeleid door de staat. Het directoraat zendt ook aanwijzingen aan de imams voor de *hutbe* (te vergelijken met een preek bij het christelijk geloof), die de imam vrijdag in de moskee houdt. Zo kregen alle imams na de aanslagen van 11 september in 2001 opdracht de gelovigen te vertellen dat terreuraanslagen niet te verenigen zijn met de islam.

Bijzonder consulaat

Een van de aardigste gebouwen in Istanbul is het Nederlandse consulaat aan de Istiklalstraat bij Taksim. Het consulaat bewijst dat er al eeuwen banden zijn tussen Nederland en – toen nog – het Ottomaanse Rijk. In het gebouw zijn gesprekken gevoerd die je tegenwoordig niet zo snel in een consulaat zou verwachten. Zo was een jonge officier woedend toen hij ontdekte dat gezant Cornelis Haga (1578-1654) een leven leidde van 'hoeren, snoeren en schone paarden'. De officier vond dat de gezant sociaal werk moest verrichten en bijvoorbeeld slaven moest vrijkopen. Op een feestje kwam het tot een uitbarsting. De officier liet Haga weten dat hij zijn 'gat kon kussen' en vroeg daarna of Haga wel wist 'uyt wiens clooten hij gevallen' was.

Het aardigste verhaal dat de ronde doet, gaat over Beyaz Gül (letterlijk vertaald: witte roos). Zij raakte verliefd op gezant Cornelis Calkoen (1726-1744) en haar hart brak toen deze werd overgeplaatst. In de tuin van het huidige consulaat staat nog een beeldje van haar. Volgens de legende was zij zo gelukkig in het gebouw dat zij er nog steeds rondwaart. Nachtwakers, zo wordt wel gezegd, zijn mede daarom niet al te happig om in de avonduren in de buurt van het beeld te komen.

Binnen en buiten Turkije is er van oudsher veel kritiek op het directoraat-generaal. Strenggelovige Turken zagen de organisatie als een verlengstuk van een staatsapparaat dat hun niet aanstond omdat het zo seculier is. Pikant genoeg werd, voordat Osama Bin Laden van zich deed spreken, ook in Europa kritiek geleverd op het directoraat-gene-raal dat op gespannen voet zou staan met het principe van de gods-dienstvrijheid. Die kritiek is verstomd; veel Europeanen willen na de komst van extremistische imams meer staatscontrole over de islam.

Hoe ver de nieuwe Republiek wilde gaan met de liberalisering van de islam, bleek toen zij verordonneerde dat de gebedsoproep in het Turks en niet in het Arabisch gedaan moest worden. Het was een duidelijke poging afstand te creëren tussen de 'nieuwe' Turkse islam, die progres-sief en modern zou zijn, en de 'oude' Arabische islam. Uiteindelijk hield de gebedsoproep in het Turks geen stand, maar de maatregel liet wel de bedoelingen van de nieuwe republiek zien. Dat bleek ook toen Atatürk het bevel gaf religieuze sekten zoals de Nakşhıbendi, die eeuwenlang een belangrijke rol in het Ottomaanse leven hadden gespeeld, te ver-bieden.

Maar Atatürk ging nog veel verder. In de Ottomaanse tijd leefden, in overeenstemming met de regels van de islam zoals die toen werden geïnterpreteerd, mannen en vrouwen in een vrijwel gescheiden univer-sum. In het karikatuurmuseum in Istanbul is een prent te zien die goed aangeeft hoe snel dat veranderde. 'Het nachtleven toen en nu' toont een feestje van 'toen' (mannen en vrouwen feestten in aparte ruimtes) en 'nu' (de feestjes zijn gemengd). Atatürk zelf zette de verandering in toen hij op een feest in Izmir opdracht gaf aan zijn getrouwen om met elkaars vrouwen te dansen. Deze waren geschokt toen ze de opdracht hoorden, maar omdat ook toen al Atatürks wil wet was voerden ze haar trouw uit.

In een poging Turkije los te weken uit het Midden-Oosten en dichter bij de Europese cultuur te brengen, werd het Ottomaanse alfabet vervan-gen door het Latijnse. Ook nu nog hebben velen daar problemen mee – zo kan de gemiddelde Turk zijn afstamming in de archieven maar tot aan de Republiek vinden; wie verder wil gaan moet een professionele genealoog in de arm nemen. Onder inspiratie van Atatürk begon ook een beweging om het Turks 'Turkser' te maken en te ontdoen van woorden uit het Arabisch. Ook nu nog prefereren seculiere Turken bijvoorbeeld *olay* (gebeurtenis), dat 'echt' Turks is, boven *hadise*.

Dichter bij God via een sekte

Seculiere Turken vermaken zich zeer met elk verhaal in de media over een tarikat (sekte). Het dagblad Hürriyet kwam met een onthulling over een sekte in Urfa, waarvan de leden spiesen in hun hoofd staken om God te eren. De leider van de sekte raakte verliefd op een van de vrouwelijke leden die, treurig genoeg voor hem, getrouwd was. Natuurlijk geldt ook in de islam het gebod dat Gij niet zult doden, maar dat legde de leider naast zich neer. Hij liet de echtgenoot van de dame in kwestie ombrengen. 'Sekte, liefde en moord', kopte het (natuurlijk strengseculiere) Hürriyet. Die seculiere afkeer van sektes valt terug te voeren op Atatürk. Deze constateerde tot zijn afgrijzen dat sommige sektes in het Ottomaanse Rijk grote invloed hadden op het landsbestuur en nam keiharde maatregelen tegen hen.
Nu zijn ze min of meer, tot onvrede van strengseculiere Turken, toegestaan. Volgens hen willen aanhangers van de sekten Turkije omvormen tot een islamitische staat. Dat is natuurlijk zeer de vraag: veel sektes zoeken juist naar een manier voor het individu om direct contact te leggen met God. 'Ik wilde dichter bij God staan', zei een lid van de Naksibendi-groep ooit. 'Ik had genoeg van mensen die liegen en was op zoek naar waarachtigheid. De liefde van God is het beste wat mij overkomen is.' Groepen zoals de Naksibendi hebben een eeuwenoude geschiedenis en wellicht ook een toekomst. Seculiere media leggen voortdurend lijsten aan van ministers in de regering-Erdoğan die contacten onderhouden met religieuze sektes.

Kloof tussen seculieren en gelovigen

De nieuwe elite van de Turkse staat ging enthousiast met alle hervormingen mee. Maar voor het gewone volk, dat meer in traditie geloofde, geen Frans sprak en dus Voltaire niet kon lezen en vaak gelovig was, gingen de veranderingen te snel. Het resultaat was dat de kloof tussen de nieuwe seculiere elite van de Republiek en de 'gewone' man steeds groter werd. Dit werd al snel een van de kernproblemen van de nieuwe Republiek die ook nu, meer dan tachtig jaar na het ontstaan van het nieuwe Turkije, nog niet zijn opgelost. Zo beweren aanhangers van de AK-partij van premier Erdoğan – die in 2007 de Turkse parlementsver-kiezingen op overtuigende wijze won – dat de beschuldigingen uit het seculiere kamp dat Erdoğan Turkije wil 'islamiseren', een heel andere klacht maskeren: in de nieuwe Republiek werd de seculiere elite lang-zamerhand een kaste, zeggen zij, die het staatsapparaat in haar greep had. Onder Erdoğan heeft die elite haar machtspositie verloren, van-daar dat zij hem zo haat.

Feit is dat in de jaren dertig en veertig de kloof tussen 'gelovig' en 'seculier' in Turkije steeds groter werd. In een staat waarin de elite zich openlijk als seculier afficheerde, was het natuurlijk normaal dat de oppositie naar de islam keek als bron van inspiratie. In 1950 hadden verkiezingen plaats en kwam voor het eerst de oppositionele Democra-tische Partij aan de macht. Deze was bepaald niet moslimfundamenta-listisch, maar wel voorstander van liberalisering van de godsdienstbele-ving. Daardoor kwam de partij, die veel steun had van ondernemers, steeds meer in conflict met het traditionele kader van de Turkse Repu-bliek. In 1960 kwamen de toenemende spanningen tot een uitbarsting. Het leger, dat zich zag als de beschermer van de Republiek, greep in; naar eigen zeggen om te voorkomen dat Turkije zou afglijden naar een totale chaos.

Premier Adnan Menderes werd uiteindelijk opgehangen op beschuldi-ging van landverraad. Ook nu nog beschouwen veel gelovige Turken Menderes als een van hun grote helden. In de jaren die volgden, greep het Turkse leger geregeld in. Ook in 1971 en 1980 gebeurde dat; iedere keer verwees de strijdmacht direct naar Atatürk en zijn principes om haar acties te rechtvaardigen. De staatsgreep van 1980, onder lei-ding van Kenan Evren, is ook voor het huidige Turkije nog van groot belang. In 1982 werd, onder het wakende oog van het leger, een nieuwe grondwet geschreven die ook nu nog geldt. Veel Turken beklagen zich dat deze grondwet essentiële vrijheden beperkt en vinden het, zeker met het oog op een eventueel lidmaatschap van de Europese Unie, tijd voor een nieuwe grondwet.

De laatste keer dat het leger van zich liet horen was in 1997. Toen liet het de toenmalige premier Erbakan, die van moslimfundamentalistische signatuur was, weten dat het tijd was terug te treden. Erbakan had, tot woede van het leger, getracht de banden aan te halen met de moslimlanden in het Midden-Oosten. In de aanloop tot het ontslag van de regering liepen de spanningen hoog op. Zo liet een hoge militair weten dat hij Erbakan een grote 'pooier' vond. Toen Turkije dichter bij Europa begon te komen, hoopten veel Turken dat de tijd van staatsgrepen voorbij was. Maar in 2007 onthulde het tijdschrift *Nokta* dat kringen binnen het leger tijdens de eerste regeerperiode van premier Erdoğan twee keer serieus hadden overwogen een staatsgreep te plegen. Alleen ingrijpen van de toenmalige chef-staf voorkwam dat de tanks Ankara en Istanbul binnenreden.

De huidige president van Turkije, Abdullah Gül, is bepaald niet geliefd bij de militaire top omdat hij te gelovig zou zijn. Direct nadat Gül in augustus 2007 werd gekozen, lieten de hoge generaals dat direct blijken: ze bleven weg bij zijn beëdigingsceremonie.

En zo blijft Turkije een land met grote politieke problemen. De kloof tussen gelovig en seculier is enorm. Het leger ziet zichzelf nog altijd als beschermheer van het gedachtegoed van Atatürk en zal niet aarzelen in te grijpen als dat in gevaar komt. Ook Turken zelf geven volmondig toe dat, als Turkije lid wil worden van de Europese Unie, het bestel op veel punten veranderd zal moeten worden.

Model Turk bestaat niet

Atatürk, de vader van de Turkse Republiek, was erg geïnspireerd door de Franse Revolutie. Hij geloofde daarom in 'burgerschap', zoals dat in die periode in Frankrijk werd ontwikkeld. Sinds de tijd van Atatürk wordt de 'model Turk' als ideaal gezien in Turkije. De 'model Turk' is natuurlijk wel ergens geboren, heeft ook een godsdienst en natuurlijk een etnische achtergrond, maar uiteindelijk doet dat er allemaal niet toe: het is het burgerschap van de Turkse Republiek dat zijn identiteit bepaalt, de rest is uiteindelijk bijzaak.

De notie van de 'model-Turk' staat op gespannen voet met de realiteit van de Turkse maatschappij. Deze is bepaald geen eenheidsworst en er zijn veel zaken die mensen scheiden. De belangrijkste daarvan is religie. In een stad als Ankara zijn seculiere Turken sterk vertegenwoordigd – zij geloven dat godsdienst een privézaak is en dat de staat het recht heeft al te publieke uitingen van religieuze gezindheid onder de duim te houden. In de stad Konya daarentegen speelt het geloof een belangrijke rol. Tijdens de vastenmaand Ramadan zijn ongeveer alle restaurants hier gesloten. Zo groot is deze kloof in Turkije dat een bestuurslid van de Atatürk-vereniging, die natuurlijk streng seculier is en geen hoofddoek draagt, zei het gevoel te hebben een 'paspoort' te moeten laten zien als ze in Istanbul de wijk Fatih (waar bijna alle vrouwen religieus zijn) binnengaat.

Een van de meest liberale Turkse godsdienstprofessoren is Zekerya Beyaz. Deze liet tijdens de economische crisis van 2001, toen veel Turken opeens hun baan verloren, weten dat bij het Slachtfeest niet per definitie een koe geofferd hoefde te worden, een kip was ook goed. Een van zijn studenten probeerde Beyaz te doden omdat hij van de islam zou afwijken, maar de professor overleefde de aanslag.

Seculier versus strenggelovig is niet de enige tegenstelling in de Turkse maatschappij. Binnen de islam bestaat van oudsher spanning tussen soennieten en alevieten, die deel uitmaken van de shi'itische familie binnen de islam. Naast religieuze tegenstellingen zijn er de economische verschillen. In steden als Istanbul en Izmir is de elite meer dan welvarend. Diezelfde steden kennen ook een grote onderklasse die vaak zestig uur per week werkt voor wat de Turken een 'soldatensalaris' noemen (in 2007 ongeveer 200 euro per maand). En dan is er ook nog eens de grote kloof tussen stad en platteland. Turkije is dus bepaald niet, zoals de strenge volgelingen van Atatürk willen doen geloven, een natie van 75 miljoen model-Turken. Binnen die natie zijn er grote verschillen.

Het platteland loopt leeg

In de 19de eeuw werd het inwoneraantal van Berlijn drie keer zo groot. In de 20ste eeuw nam het aantal inwoners van de Turkse metropool Istanbul maar liefst negen maal toe. Het geeft aan hoezeer de Turkse maatschappij van karakter veranderde: het platteland ontvolkte, de stad werd de hoeksteen van Turkije. Zestig procent van de Turken woont in de stad.

Waarom nam de urbanisatie in de 20ste eeuw zo'n vlucht? Een antwoord is dat het leven in de stad zoveel gemakkelijker is dan op het platteland. Nog steeds zijn er duizenden Turkse dorpen zonder elektriciteit. Tijdens de winter, als de sneeuw valt, zijn sommige dorpen maanden van de buitenwereld afgesloten. Dokters zijn er vaak niet – als iemand ziek wordt is het een hele toer hem of haar naar een kliniek te vervoeren.

Daarbij komt natuurlijk dat Turkije vanuit economisch oogpunt een scheve ontwikkeling heeft doorgemaakt. West-Turkije, met name steden als Istanbul en Izmir, is aanmerkelijk welvarender dan het platteland in Oost-Turkije. In de dorpen is er behalve de landbouw simpelweg geen werk – en dus nemen dorpsbewoners de bus. In het zuidoosten, waar veel Koerden wonen, komt daar nog de harde aanpak van het Turkse leger bij. Veel Koerden zijn naar het westen gemigreerd. Zo is er een hele wijk in Izmir die 'klein Mardin' wordt genoemd, naar de stad Mardin (niet ver van de grens met Irak).

In Turkije herhaalde zich een patroon tijdens de urbanisatie dat ook in
een land als Frankrijk te zien is geweest. In Frankrijk gingen immigranten uit Normandië in de 19de eeuw samenwonen in dezelfde buurt in
Parijs, dicht bij het treinstation dat hen vanuit Normandië naar de
metropool had gebracht. Ook in een stad als Istanbul zie je een dergelijke samenklontering. Turkse wetenschappers onderzochten de zogeheten dorpsverenigingen – clubs in Istanbul voor mensen die uit een
bepaalde streek afkomstig zijn.

In de wijk Eminönü bijvoorbeeld, woonden veel mensen uit Niğde in
Centraal-Anatolië. De dorpsverenigingen voor de mensen uit Niğde in
de wijk vervulden een belangrijke rol bij de integratie van de dorpelin-
gen. Zo hebben dorpsverenigingen een lijst met doktoren die uit de
streek afkomstig zijn – in een land als Turkije, waar de gezondheidszorg
bepaald niet de nationale trots is, is behandeling door een dorpsgenoot
een goede garantie dat er snel en goed naar je klachten wordt gekeken.
De dorpsvereniging onderhoudt contacten met de achterblijvers – als
daar iemand overlijdt, zorgt de vereniging voor snel vervoer zodat geïn-
teresseerden vanuit Istanbul de begrafenis in het dorp kunnen bijwo-
nen. Dorpsverenigingen spelen soms ook een rol bij huwelijksvorming.
In Turkije willen veel ouders dat hun kind met een streekgenoot of zelfs
dorpsgenoot huwt – in het lokaal van de dorpsvereniging worden tijdens
een kopje thee informele contacten gelegd om te kijken wie er beschik-
baar is op de huwelijksmarkt. Zelfs waren dorpsverenigingen het toneel
voor lokale politiek. Aspirant-politici bezoeken de verenigingen vaak in
de hoop stemmen te winnen. Maar bovenal zijn dorpsverenigingen van
oudsher een plek van sociale warmte, waar dorpsbewoners die naar
Istanbul zijn verhuisd even bij kunnen komen van de betonnen anoni-
miteit van het leven in de grote stad.

Veel politicologen, met name degenen die in de Republikeinse traditie
staan, oordelen negatief over de dorsverenigingen. Zij vinden dat iedereen vooral een burger is. Een al te sterke regionale identiteit opent de
deur naar corruptie, vriendjespolitiek en cliëntelisme, vinden zij. Waarom zou een patiënt in Istanbul die uit Giresun komt, bijvoorbeeld lan-
ger moeten wachten omdat de dokter uit Niğde eerst een streekgenoot

wil behandelen? Daar staat natuurlijk tegenover dat de overgang van platteland naar de stad voor veel Turken buitengemeen moeilijk was en dat de dorpsverenigingen geholpen hebben die overgang in goede banen te leiden.

Overigens lijken de dorpsverenigingen in Istanbul hun langste tijd gehad te hebben. De clubs uit Niğde verkeren bijvoorbeeld in een zware crisis. De kinderen van de oorspronkelijke immigranten zijn uitgewaaierd en wonen al lang niet meer in Eminönü. Zij kennen de stad en hebben de dorpsvereniging niet meer nodig om gezelligheid te vinden of een afspraak met een dokter te krijgen.

Eerwraak: een geïmporteerd probleem

Maar betekent migratie naar de stad dat de dorsbewoner direct de normen en waarden van de stad aanneemt? Nee, natuurlijk; sociologen gaan er vanuit dat pas na drie generaties in de stad de normen en waarden van het platteland definitief zijn vergeten. Het gevolg hiervan is ondermeer dat ook in Istanbul nog veel gevallen van eerwraak voorkomen.

Eerwraak heeft alles te maken met de manier waarop van oudsher in Turkije tegen de vrouw wordt aangekeken. De vrouw is de hoedster van de moraliteit. Jonge mannen in Turkije scheppen vaak en graag op over hun seksuele veroveringen – hoe meer succes op het seksuele vlak, hoe hoger hun status onder leeftijdsgenoten. Voor jonge meisjes en vrouwen is kuisheid echter de weg naar sociale status. En die sociale status is dan niet alleen van het meisje zelf maar van haar hele familie – als een meisje zich misdraagt, zo luidt de canon van de traditionele moraliteit, brengt zij de naam van de hele familie te schande. De familie heeft het recht in te grijpen als het meisje in kwestie waarschuwingen om zich beter te gedragen in de wind slaat.

Natuurlijk staat zo'n uitgangspunt op gespannen voet met het individualisme, zoals gebruikelijk bij ons. Daar is het individu uiteindelijk verantwoordelijk voor zijn of haar gedrag – vermeend onzedelijk gedrag van een vrouw werpt niet per definitie een zwarte schaduw over haar familie. In Turkije is dat wel zo; 'straf' voor de vrouw die zich slecht gedroeg is dan een manier voor de familie om haar status in de ogen van de gemeenschap te herstellen.

Nu wordt het begrip 'onzedelijk gedrag' in Turkije volgens westerse standaarden ruim uitgelegd. Een van de meest tragische gevallen van eerwraak had plaats in Zuidoost-Turkije, waar een vrouw werd vermoord omdat een jongen die haar kennelijk graag mocht een plaatje voor haar had laten draaien op de plaatselijke radio. Even tragisch was de zaak van een vrouw uit Mardin, eveneens in Zuidoost-Turkije, die verliefd was op haar buurman en er met hem vandoor wilde om een nieuw leven te beginnen. Ze werden tegengehouden door de familie en gestenigd.

Toen de vrouw in kwestie uiteindelijk in het ziekenhuis overleed, eiste niemand van haar familie de stoffelijke resten op.

Een van de bekendste gevallen van eerwraak in Istanbul was die van Güldünya. Zij was naar Istanbul gevlucht om te ontkomen aan eerwraak, maar haar familie vond haar. Haar broers probeerden haar daar te vermoordden maar slaagden er niet in – Güldünüya werd zwaargewond opgenomen in het ziekenhuis. Een tweede moordpoging daar was wel succesvol. Een Turkse zangeres was zo geschokt door dit drama dat zij een lied over en voor Güldünüya schreef – tot woede van veel liberale Turken weigerde staatsomroep TRT echter het nummer te draaien.

De Turkse regering neemt sinds enige jaren wel maatregelen. Een daarvan is de verandering van het Wetboek van Strafrecht. Van oudsher maakten rechters, die vaak wel enig begrip hadden voor degenen die eerwraak pleegden, gebruik van verzachtende wetsartikelen om de daders een minimum aan straf op te leggen. Mede onder druk van de Europese Unie en vrouwenorganisaties zijn die verzachtende artikelen uit de strafwet geschrapt.

Rechters begrijpen heel goed dat de tijd van clementie voorbij is en delen tegenwoordig forse straffen uit. Elke stuitend geval van eerwraak – en volgens vrouwenorganisaties vinden nog steeds tientallen vrouwen elk jaar de dood hierdoor – wordt breed uitgemeten in de media met altijd dezelfde boodschap: dit moet eindelijk eens afgelopen zijn. Vrouwenorganisaties zijn ook stukken actiever geworden – in Diyarbakır bijvoorbeeld is een netwerk van Blijf-van-mijn-lijfhuizen opgericht om vrouwen die in gevaar verkeren te vrijwaren van geweld. Dat is zeker mogelijk: eerwraak is nooit echt impulsief, voordat de vrouw in kwestie wordt vermoord vergadert de familie daar meestal verschillende keren over.

Uit opiniepeilingen blijkt dat de traditionele moraal bepaald nog sympathie geniet op vooral het platteland. En nieuwe wetten zijn één ding, ze uitvoeren is een ander. Hoe gecompliceerd de problematiek van de eerwraak is, bleek in de stad Batman. Deze stad in het zuidoosten kende de afgelopen decennia een ongekende groei, vooral door de oliewinning. Veel Koerden uit de omliggende dorpen trokken naar de stad. Die dorpen waren erg traditioneel en Batman werd dat dus ook. Binnen Turkije staat Batman bijvoorbeeld bekend als de plaats waar nog veel sympathie is voor de moslimextremistische Hizbullah-beweging. In 2005 en 2006 kwamen veel onderzoekers er achter dat het aantal zelfmoorden onder jonge meisjes in Batman ongekend hoog was. Het was het begin van een lang debat – hoe kwam het dat die meisjes zelfmoord plegen? Een opvatting was dat de meisjes op televisie en via andere kanalen zagen wat het moderne leven hun te bieden had, maar tegelijk beseften dat al die mooie dingen in het conservatieve Batman voor hen niet toegankelijk waren. Een andere opvatting was dat deze meisjes zich verkeerd hadden gedragen volgens de traditionele code. Vroeger zouden ze vermoord zijn; nu de wetten waren veranderd, koos de familie voor een andere aanpak: de meisjes werden opgesloten en zo onder druk gezet en verbaal toegetakeld dat zij er uiteindelijk niet meer tegen konden en hun leven namen.

De strijd tegen eerwraak blijft niet beperkt tot Turkije – ook onder Nederlandse en Belgische Turken is eerwraak een groot probleem. Opschudding veroorzaakte het geval van Zarife, een meisje uit Almelo dat door haar vader tijdens een vakantie in Turkije werd vermoord omdat zij een relatie had met een getrouwde man. Vrouwenorganisaties in Turkije noemden het geen toeval dat de moord in Turkije plaatshad – de vader hoopte dat zijn straf in Turkije lichter zou uitvallen. Dat bleek een misvatting te zijn: de rechter gaf de vader uiteindelijk levenslang.

Veel projecten in Turkije tegen eerwraak worden medegefinancierd door de Europese Unie. Verbazingwekkend is dat niet. Conservatieve Turken die in West-Europa wonen onderhouden sterke banden met het 'moederland' Turkije – zij kijken Turkse televisie en gaan er elk jaar op vakantie. Als de stemming in het moederland verandert, zullen zij dat merken en wellicht ook hun opvattingen aanpassen.

De Turkse islam

Liberale Turken wijzen er vaak en graag op dat de Turkse islam 'anders' is dan de Arabische. Volgens professor Zekerya Beyaz van de Marmara-Universiteit in Istanbul is het grote verschil dat de Turkse islam heeft geprobeerd de islam aan te passen aan de veranderende tijden. De Arabische islam, daarentegen, aldus Beyaz, ziet de Koran als bron van de ultieme waarheid waar absoluut niets aan veranderd mag worden.

Velen in Turkije zijn het met Beyaz eens. Zo pleit het hoofd van het directoraat-generaal Religieuze Zaken, Ali Bardakoğlu, regelmatig voor modernisering van de islam. Zijn voorganger, Mehmet Nuri Yilmaz, nam al enige opvallende stappen. In het moderne leven hebben mensen het zo druk dat ze soms simpelweg geen tijd hebben om vijf keer te bidden. Minder mag dan, aldus Mehmet Nuri Yilmaz, maar het gebed moet dan zo intens zijn dat het als het ware voor vijf keer kan gelden. Ook vaardigde hij voorschriften uit die er op neerkomen dat mannen en vrouwen samen (zij het op aparte plekken) in de moskee mogen bidden. Ook dat is iets waar veel conservatieve moslims in Arabische landen van gruwen.

De regering maakt vaak en graag gebruikt van het progressieve imago van de Turkse islam. Ook in Ankara beseft men dat velen in de westerse wereld zich grote zorgen maken over de groeiende invloed van extreemconservatieve stromingen in de islam. In het Westen wordt juist gezocht naar een meer progressieve vorm van de islam, die de basiseisen van die godsdienst op een meer moderne, humanistische wijze interpreteert. Zeker naar de Europese Unie toe heeft Turkije zich altijd gepresenteerd als heraut van de moderniteit binnen de islam. Dat beeld is ten dele zeker gerechtvaardigd – de al eerder genoemde modernisering van de islam zou in veel Arabische landen onmogelijk zijn. Dat neemt niet weg dat binnen Turkije nog stevig wordt gediscussieerd over de vorm die de islam zou moeten hebben. De islam is er veel controversiëler dan bovenstaande opmerkingen suggereren – godsdienst is een van de grote scheidslijnen in de maatschappij. Seculiere Turken zijn nog steeds bang dat hun gelovige landgenoten, als deze de kans zouden krijgen, de islamitische wet zouden invoeren.

Ontevreden imams

Omdat de regering in Turkije controle wil uitoefenen op de religie zijn
imams, islamitische gebedsvoorgangers, in dienst van de staat. Zij heb-
ben ook vakbonden, die niet aarzelen om voor hun rechten op te komen.
Zo liet de belangenorganisatie Diva-Sen in 2007 weten dat de imams
beter betaald moeten worden. Imams, aldus Diva-Sen, werken maar
liefst achttien uur per dag; ze beginnen rond vier uur in de ochtend en
leggen pas tegen middernacht het hoofd te ruste. In ruil voor al die
arbeid krijgen de imams – omgerekend – zo'n 440 euro per maand, ook
in Turkije bepaald geen vetpot. De eis van Diva-Sen liet de onvrede bij
veel imams zien. In Nederland wordt Turkije omschreven als een mos-
limland. Maar in Turkije is de animo om imam te worden zo afgenomen
dat naar schatting 6.000 moskeeën leegstaan. Voor andere beroeps-
groepen (zoals militairen en politieagenten) verzorgt de Turkse staat
vaak woonruimte, voor imams doet zij dat echter niet. Voeg daarbij dat
de gebedsvoorgangers soms hun eigen moskee moeten schoonhouden
en het zal duidelijk zijn dat imam-zijn in Turkije geen simpele klus is.
'Als er een religieus feest aankomt, moet ik meer dan dertig ramen en
kandelaars schoonmaken in de moskee', verzuchtte een imam toen
Diva-Sen met haar eis kwam. 'Gelukkig helpt mijn vrouw me daarbij.'
In theorie zouden de imams, die immers ambtenaren zijn, kunnen sta-
ken, maar daar lijkt de tijd nog niet rijp voor.

Deze seculiere onzekerheid over de vraag of de 'progressieve' islam wel
vaste voet aan de grond heeft, was een van de redenen achter de turbulente politieke crisis in 2007. De AK-partij van premier Erdoğan was
toen al enige jaren aan het bewind. De ambtstermijn van de toenmalige
president, Ahmet Necdet Sezer, liep af en er moest een nieuwe president worden gekozen. Dat deed alle alarmbellen in seculier Turkije af-
gaan. In Turkije is de positie van de president meer dan die van louter
staatshoofd – zo kan hij bijvoorbeeld benoemingen blokkeren. Sezer,
die strengseculier is, deed dat vaker dan welke andere president ook en
seculiere Turken waren er hem dankbaar voor. Hun grote angst was dat
Erdoğan, die zijn carrière als moslimfundamentalist begon maar zich

Het koffiehuis is het bastion van de Turkse man. Een ministerieel decreet dat de koffiehuizen ook voor vrouwen toegankelijk zouden moeten zijn ontmoette weinig instemming. Foto: Bert Spiertz

nu conservatief noemt, langzaam maar zeker het kader van het Turkse staatsapparaat wilde 'islamiseren'. Als Sezer als tegenkracht wegviel en vervangen zou worden door een 'gelovige' president, zou Turkije, zo vreesden zij, langzaam maar zeker afglijden richting 'islamitische Republiek'.

De Atatürk-vereniging, in Turkije een van de bastions van het secularisme, organiseerde grote demonstraties in Ankara, Istanbul en Izmir. Tijdens deze marsen droegen deelnemers spandoeken mee met teksten als 'Geen shariá (islamitische wet) in Turkije' en 'Abdullah Gül, hoepel op naar Iran'. Uiteindelijk bleek het Turkse parlement niet in staat een nieuwe president te kiezen en kwamen er parlementsverkiezingen. Deze werden gewonnen door de AK-partij van premier Erdoğan. In augustus 2007 werd Abdullah Gül alsnog president. De hele episode was een duidelijk bewijs dat godsdienst de Turkse maatschappij tot op het bot kan verdelen.

Tegenstelling tussen alevieten en soennieten

Dat geldt ook voor de tegenstelling tussen alevieten en soennieten. Zelfs nog in de jaren negentig leidde dat tot een pogrom in Istanbul, waarbij een wijk waar veel alevieten woonden, het zwaar te verduren kreeg. En geen enkele aleviet zal ooit de door soennitische extremisten in 1993 aangestoken brand vergeten in een hotel in Sivas, waarbij 37 alevitische intellectuelen om het leven kwamen.

Hoeveel alevieten er in Turkije zijn is onbekend maar het gaat zeker om miljoenen. Zij maken deel uit van de shi'itische stroming in de islam; in alevitische gebedshuizen zijn afbeeldingen te vinden van imam Ali, die zo'n belangrijke rol speelt in het shi'itisme. In die gebedshuizen (in het Turks: *cem evi*) nemen mannen en vrouwen samen deel aan de gebedsdienst. Ook wordt er muziek gespeeld – in de ogen van veel conservatieve soennitische moslims een gruwel.

Tussen soennieten en shi'ieten bestaan een aantal tegenstellingen. In de eerste plaats hebben soennitische moslims soms grote vooroordelen over alevieten. Zo wordt wel gedacht dat als mannen en vrouwen in de gebedshuizen samen zijn het licht wordt uitgedaan, en dat beide partijen elkaar dan toch wel heel goed leren kennen. Natuurlijk is dat onzin, maar het vooroordeel bestaat nog steeds. Daarnaast vinden soennieten alevieten vaak simpelweg geen moslims – en ook dat komt hard aan. Alevieten op hun beurt hebben het gevoel dat ze systematisch worden achtergesteld. Hun grote steen des aanstoots is het directoraat-generaal Religieuze Zaken, een staatsinstelling die met het geld van de Turkse belastingbetaler soennitische moskeeën financiert. Alevieten zijn woedend dat hun gebedshuizen geen cent van de overheid krijgen en dat er geen enkele aleviet op het directoraat-generaal werkt.

Overigens is de alevitische gemeenschap bepaald niet homogeen. Zo speelt de scheidslijn stad-platteland ook bij hen een grote rol. Het dagblad *Milliyet* deed ooit een groot onderzoek naar de alevieten en concludeerde dat in de steden veel alevieten (met name zij met een goede opleiding) het alevitisme meer als een 'manier van leven' zagen dan als een geloof. Onder de stedelijke alevieten is het atheïsme ook stevig in opmars. Op het platteland beleven alevieten hun geloof op een meer traditionele wijze – als de Waarheid die de gelovige dichter bij God brengt.

Turkse alevieten maken van oudsher deel uit van het linkse deel van het politieke spectrum – zij zien conservatieve soennieten als 'fascisten'. Een extreemlinkse beweging als DHKP/C, die ook in Nederland aanhang heeft, bestaat voor een groot gedeelte uit alevieten.

Geen eenduidig beeld over geloof

Maar hoe gelovig is Turkije? Het is een vraag die niet alleen in Europa wordt gesteld maar ook in Turkije zelf. Zeker nadat in 2002 de AK-partij van premier Erdoğan aan de macht kwam, klagen veel seculiere Turkije dat hun land steeds geloviger wordt. Maar is dat nu ook werkelijk zo? In 2006 deed de denktank TESEV onderzoek naar de religieuze belevingswereld van de Turkse bevolking. Het resultaat was bepaald niet eenduidig. In vergelijking met een eerder onderzoek in 1999 nam het percentage Turken dat zich 'zeer religieus' noemde toe van 6 tot 13 procent. Maar uit datzelfde onderzoek bleek dat de steun voor een staat die zich baseert op de islamitische wet, in zeven jaar tijd was

teruggelopen van 21 naar 9 procent. Ook op het gebied van de hoofddoek, voor seculiere Turken het symbool bij uitstek van de politieke
islam, waren er verschuivingen. Eerder liet 27,3 procent van de Turkse
vrouwen weten 'onbedekt' (dat wil zeggen: zonder hoofddoek) de straat
op te gaan; in 2006 was dat percentage gestegen tot 36,5. De grootste
toename had plaats in de leeftijdsgroep van meisjes tussen de 18 en
de 24.

Interessanter nog dan het onderzoek zelf was de discussie die het op-
leverde. Hoe zat dat nu met het geloof, vroegen vele waarnemers zich
af – werd Turkije nu juist geloviger of niet? Professor Binnaz Toprak van
de Bosporus-Universiteit concludeerde dat Turken hun geloof steeds
meer op een individuele wijze vormgeven. Je kunt geloof zien als een
vaste verzameling van harde regels en wetten die overal geldig zijn, aldus Toprak, maar je kunt geloof ook zien als een overtuiging die iedereen in de praktijk op eigen wijze vorm geeft. Volgens de eerste definitie
van 'geloof' is dragen van de hoofddoek, voor conservatieve moslims
althans, verplicht. Volgens de tweede definitie kan de hoofddoek een
element zijn van de individuele beleving van het geloof – maar het is
ook goed mogelijk jezelf als 'zeer gelovig' te beschouwen zonder de
hoofddoek te dragen.

De analyse van Toprak werd niet gedeeld door andere commentatoren.
Deze bleven veelal steken in de – in hun ogen – tegenstrijdige resultaten van de TESEV-analyse. Een aantal van hen gaf simpelweg toe dat
Turkije zo snel verandert dat niemand meer precies weet hoe de maatschappij zich ontwikkelt.

Die snelle ontwikkeling heeft veel te maken met de Turkse poging lid
te worden van de Europese Unie – in enkele jaren is een recordaantal
wetten veranderd, welbeschouwd ging het hele bestel op de schop.
Maar dat is bepaald niet de enige verandering. De economie groeit
onstuimig, waardoor veel Turken ineens met grotere welstand worden
geconfronteerd – grote groepen Turken beginnen, net als Nederlanders,
een jaarlijkse vakantie naar het buitenland als normaal te beschouwen.

Daarnaast is het onderwijs een factor van belang. Steeds meer Turkse jongeren genieten een universitaire opleiding. Onderwijs is absoluut van primair belang – ouders zetten soms vanaf het moment dat hun kind is geboren elke maand geld op een aparte bankrekening om ervoor te zorgen dat hij of zij later zonder financiële zorgen kan studeren. Ongetwijfeld spelen ook de media en het internet een grote rol bij deze veranderingen – Turkse jongeren willen over het algemeen Engels leren en komen op internet in contact met de opvattingen en waarden van het Westen. Met de opkomst van Turkije als vakantieland hebben diezelfde jongeren in Istanbul of aan de Turkse Rivièra alle kans in contact te komen met buitenlanders. Ook dat verandert hun kijk op het leven.

Nog veel te winnen voor vrouwen

De positie van vrouwen is een van de belangrijkste graadmeters van hoe snel Turkije verandert. Hoe heterogeen Turkije op dat punt geworden is, bleek tijdens de parlementsverkiezingen in de zomer van 2007. Alle partijen, inclusief de AK-partij van premier Erdoğan, kondigden aan meer vrouwen in het parlement te willen. Vrouwenorganisaties waren uiteindelijk ontevreden met de vijftig vrouwen die in de volksvergadering werden gekozen, maar het was wel het hoogste aantal in de Turkse geschiedenis. In diezelfde zomer hadden echter twee gruwelijke incidenten plaats die bewezen dat er nog veel werk aan de winkel is wat betreft de positie van de vrouw. In de stad Gaziantep werd een meisje van in de twintig door haar eigen broer vermoord – haar echtgenoot zat in het leger en de buurt begon te roddelen dat ze het had aangelegd met een ander. In Gebze, een voorstad van Istanbul, werden omstreeks diezelfde tijd twee vrouwen op een gruwelijke wijze doodgeslagen. De vrouwen, die oorspronkelijk uit de stad Kars kwamen in het noordwesten, waren na onenigheid met hun echtgenoten naar Istanbul gevlucht. De politie ging er van uit dat de daders in de kring van de familie gezocht moeten worden.

Vrouwen hadden in de Republiek Turkije, zeker vergeleken met andere landen in de regio, een groot voordeel: de vader van de Turkse Republiek was hun goedgezind. Befaamd werd Sabiha Gökçen, een meisje dat door Atatürk werd geadopteerd. Atatürk stimuleerde haar om piloot te worden (een vliegveld aan de Aziatische zijde van Istanbul is naar haar vernoemd). Zo ver ging Atatürk in zijn verlangen een 'nieuwe' Turkse vrouw te creëren dat hij zijn huwelijkskeuze er door liet bepalen. Latife Hanim was een ideale vertegenwoordiger van de nieuwe generatie Turkse vrouwen – onafhankelijk, goed opgeleid, kosmopolitisch en onafhankelijk. Het huwelijk werd na korte tijd ontbonden: wellicht was Atatürk zelf nog niet rijp voor zo'n moderne vrouw. Hoe groot de impact van Latife was bleek uit het feit dat buitenlandse journalisten haar zagen als een van de mogelijke opvolgers van Atatürk. In 1934 werd zowel actief als passief kiesrecht voor vrouwen ingevoerd. In 1935 zaten er in Turkije meer vrouwen in het parlement dan in Nederland.

Na deze veelbelovende start zakte de emancipatie van de vrouw langzaam maar zeker terug. Zoals op veel gebieden stonden de ideeën van Atatürk zozeer van die van het gewone volk af dat de 'revolutie' halverwege bleef steken. Vrouwen uit rijke, seculiere milieus kregen allerlei kansen en hadden vaak een succesvolle carrière. In de armere, meer gelovige milieus bleef echter alles bij het oude. Vrouwen droegen de hoofddoek zoals hun moeders en oma's dat voor hen hadden gedaan.

In 1993 werd Tansu Çiller de eerste vrouwelijke premier van Turkije. Op slechts luttele kilometers van Ankara, waar het bureau van de premier is, leefden vrouwen nog alsof de revolutie van Atatürk nooit had plaatsgehad.

Vrouwenorganisaties timmeren tegenwoordig flink aan de weg, maar erkennen dat er nog een lange weg te gaan is. Zo biedt het nieuwe Wetboek van Strafrecht, dat in 2005 van kracht werd, slechts op een aantal punten verbetering. De straf op eerwraak is verzwaard. Verkrachting binnen het huwelijk is een misdrijf geworden, net als seksuele intimidatie op de werkvloer. Maar onder bepaalde omstandigheden blijft een maagdelijkheidstest (een onderzoek waarbij wordt gekeken of een meisje seksueel contact heeft gehad) mogelijk. Seksuele contacten blijven zowel voor jongens als meisjes strafbaar totdat zij achttien jaar zijn.

Zonder snor niet in de politiek?

'Moet ik een snor hebben om serieus genomen te worden?' Deze uitdagende reclamecampagne trok veel aandacht in Turkije in de aanloop tot de verkiezingen van 2007. Op affiches waren bekende Turkse vrouwen te zien. De participatie van vrouwen in de Turkse politiek is nog steeds uiterst teleurstellend. Politiek is in Turkije een mannenzaak. 'Als het over de politiek ging wilden mannen mij wegsturen', vertelde een vrouwelijk parlementslid van de AK-partij ooit. 'Maar ik weigerde om te gaan. Toen ik dat lang genoeg volhield, mocht ik op een bepaald moment gaan meepraten.' In veel opzichten is de Turkse maatschappij nog steeds een machomaatschappij, waar de primaire taak van vrouwen bestaat uit het zorgen voor de kinderen. 'Als vrouwen in de politiek gaan, dan vinden mannen dat slecht voor het gezinsleven', aldus een feministe. 'Ze denken dat die vrouwen er uiteindelijk vandoor zullen gaan en hun gezin in de steek laten.'
Op het eerste gezicht leek de reclamecampagne een succes: 10 procent van de nieuwe leden van het Turkse parlement na de verkiezingen van juli 2007 was vrouw. Maar op regeringsniveau ging het stroever. Toen premier Erdoğan, die steeds op participatie van vrouwen had aangedrongen, zijn ministersploeg bekendmaakte, bleek daar maar één · vrouw bij te zitten.

Turkse feministes willen graag dat de maatschappij vrouwen als individuen ziet die gelijk zijn aan de man en hun eigen professionele en seksuele leven kunnen vormgeven. Volgens de traditionele opvatting dient de vrouwelijke seksualiteit voor alles beteugeld te worden omdat, als zij te veel wordt beleefd, de eer van de vrouw wordt bezoedeld.

Zulke opvattingen remmen, hoe modern de wet ook moge zijn, de kansen van vrouwen in de maatschappij. Omdat er geen wettelijke regels zijn voor bijvoorbeeld crèches beginnen vrouwen pas aan een politieke carrière als ze 35 jaar zijn – vergeleken met een gemiddelde man hebben ze dan al 15 jaar achterstand. Behoudende politieke partijen zijn huiverig om vrouwen een kans te geven omdat, zoals een Turkse feministe ooit zei, ze bang zijn dat een al te politiek actieve vrouw haar huishoudelijke taken verwaarloost en wegloopt bij haar man. Dat weglopen wordt ook door de wetgever als een reëel gevaar gezien – volgens de wet krijgen vrouwen die voor 2002 huwden minder dan de helft van de gezamenlijke bezittingen als zij scheiden. Volgens Turkse feministes heeft die maatregel tot doel weglopen voor vrouwen moeilijker te maken.

> *Als je in Turkije met behoudende Turken spreekt, is het raadzaam niet teveel vragen te stellen over hun echtgenotes – dat kan opgevat worden als een teken van ongezonde belangstelling. Jaloezie wordt als gevoel zeer gewaardeerd in Turkije – Turken zien het als een teken van liefde.*

Toch kent het huidige Turkije een flink aantal vrouwelijke rolmodellen. Het gigantische Sabancı-concern wordt geleid door Güler Sabanci, een vrouw die op de televisie over naar Turkse traditionele maatstaven onvrouwelijke zaken spreekt als inflatie en economische groei. Ook aan het hoofd van de invloedrijke vereniging van industriëlen, Tüsiad, staat een vrouw.

Nieuwe gelovige middenklasse

Hoe snel Turkije verandert, blijkt ook uit de positie van de nieuwe islamitische middenklasse. Er wordt er flink gedebatteerd over de opkomst van deze middenklasse en de gevolgen ervan. Wellicht dat de grote groei van de Turkse universiteiten, samen met de toenemende welvaart, de opkomst van deze nieuwe middenklasse verklaart. Vroeger was studeren voorbehouden aan de seculiere elite: studenten aan de universiteit luisterden naar Elvis Presley en de Beatles, niet naar Turkse muziek, laat staan muziek met een gelovige inslag.

Doordat het aantal universiteiten in Turkije zo toeneemt, is studeren binnen het bereik gekomen van kinderen uit de lagere milieus en van het platteland. Dat heeft er toe geleid dat je in Istanbul sinds een jaar

of tien dokters, advocaten en architecten vindt die klip en klaar verklaren dat zij gelovig zijn en volgens de regels van de islam leven.

Vrouw in de politiek

*Rahşan Ecevit (1923) is ongetwijfeld een van de interessantste vrou-
wen die de Turkse politiek heeft gekend. Net als haar man, Bülent,
kwam zij uit een rijk milieu en ging ze naar het dure Robert College in
Istanbul, de middelbare eliteschool. Maar Rahşan raakte al snel geïnspireerd door linkse politieke opvattingen en verklaarde haar liefde aan
het Turkse proletariaat. Rahşan ontwikkelde zich tot het tegenbeeld van
de gemiddelde Turkse vrouw. Veel vrouwen in Turkije werken niet, vinden het leuk om thee te drinken met de buurvrouw en storten zich
geheel op man en kinderen. Rahşan Ecevit interesseerde dat allemaal
niet. Haar huwelijk bleef kinderloos, tijd om thee te drinken had ze
niet, van feestjes had ze een afkeer – ze leefde voor de linkse politiek.
Binnen Turkije raakte Rahşan echter steeds meer omstreden. Dat kwam
vooral door haar karakter. Zij regeerde met harde hand binnen de DSP-
partij, zeker toen Bülent voor de laatste keer premier van Turkije werd
(1999-2002). Rahşan werd steeds autoritairder – een verkeerd woord,
zo berichtten de Turkse media, en je werd geroyeerd als lid van de DSP.
Toen Bülent in 2006 stierf, bleek echter hoe diep haar liefde voor zowel haar man als het Turkse proletariaat was. Ze stelde de begrafenis
een paar dagen uit zodat alle 'arbeiders' naar Ankara konden komen.
En hoe oud ze ook was, ze liep kilometers achter de baar aan om afscheid van Bülent te nemen.*

Deze nieuwe middenklasse is de stuwende kracht achter een nieuw verschijnsel dat in de Turkse media met grote belangstelling wordt gevolgd
– islamitisch toerisme. Aan de Turkse Rivièra liggen Europese vrouwen
vaak aan het strand zonder bovenstukje. Daar hebben veel strenggelovige Turkse vrouwen (en soms ook mannen) problemen mee. Vandaar
dat er sinds een aantal jaren tal van 'gelovige' hotels zijn ontstaan.
Zulke hotels hebben aparte zwembaden voor mannen en vrouwen en op
de televisie is geen pornokanaal te vinden. Hoezeer seculiere Turkse

vrouwen met hun ogen staan te knipperen in zulke etablissementen, bleek toen twee Turkse journalistes zich geheel in het zwart hulden en een verblijf in een gelovig hotel boekten. In de rij op het vliegveld werd al gefluisterd dat zij nooit het vliegtuig in zouden mogen omdat zij vast een bom onder al dat zwarts hadden verborgen. In het hotel hoorden ze dat werd omgeroepen dat mannelijke medewerkers binnen enige minuten zouden komen om het zwembad te reinigen. De gelovige dames, aldus de journalistes, wisten niet hoe snel ze uit het water moesten komen om zich aan te kleden.

Seculiere Turken zijn doodsbang dat de opkomst van deze nieuwe gelovige middenklasse de bijl aan de wortel zal leggen van het Turkse bestel. Dat is echter zeer de vraag. In het al eerder genoemde onderzoek van TESEV bleek dat, welke vraag ook werd gesteld, eenderde van de mensen een 'liberaal' antwoord gaf en tweederde een meer conservatief.

Koffiehuizen zijn nog steeds een belangrijk element van de Turkse volkscultuur. Enige jaren geleden decreteerde een ministerie dat, nu Turkije op weg was naar de Europese Unie, de tijd was gekomen dat ook vrouwen naar de koffiehuizen zouden moeten kunnen. Koffiehuizen zijn van oudsher een bastion voor mannen en deze mannen, die vaak flink vloeken als ze het koffiehuis kaarten, waren niet bereid de poorten van dat bastion voor vrouwen te openen. Maar veel vrouwen hadden er zelf ook weinig oren naar. 'Ik ben een vrouw uit Anatolië', zei een van hen in Istanbul. 'Denk je dat ik naar een koffiehuis ga?'

Zo had eenderde van de ondervraagden geen moeite met een homo als buurman of met onderwijs in het Koerdisch of met een gezamenlijk (niet alleen van moslims maar ook van joden en christenen) bestuur van Jeruzalem. Wat maakt dat eenderde liberaal is en tweederde niet? Een van de onderzoekers stelde dat vooral hoger onderwijs tot liberalere opvattingen leidt. Het opleidingsniveau van de Turkse bevolking neemt snel toe, dus, als de onderzoeker gelijk heeft, zal dat de liberalisering van Turkije stimuleren.

Kwaliteit onderwijs blijft achter

Onderwijs was in Turkije altijd een zwaar politiek beladen sector – met
name tijdens de periode van de staatsgrepen in de tweede helft van de
20ste eeuw hielden de militaire machthebbers strikt toezicht op de
universiteiten om subversieve opvattingen in de kiem te smoren. Aan
de befaamde Bosforus-universiteit doet nog steeds een anekdote uit die
tijd de ronde. Een min of meer marxistische professor in de mathemati-
sche economie werd aan het einde van het jaar aangeklampt door een
van zijn studenten. 'Mijnheer', zei deze, 'ik werk voor de inlichtingen-
dienst en moet een rapport schrijven over uw cursus. Ik heb echter
niets begrepen van wat u zei. Zou u zelf een samenvatting van twee
bladzijden kunnen schrijven?'

De laatste jaren is de sfeer aan de universiteiten liberaler geworden:
professoren durven meer kritiek te geven op het bestel. Probleem is wel
dat veel leden van die oudere generatie meer carrière hebben gemaakt
op grond van hun politieke 'betrouwbaarheid' dan op basis van hun
wetenschappelijke kwaliteiten.

De universiteit is niet de enige plek in het onderwijs waar politiek een
rol speelt. Zo vindt op lagere scholen, voordat de lessen beginnen, een
in Europese ogen wellicht bizarre ceremonie plaats. De kinderen worden
naar het schoolplein gehaald waar in de regel een beeld van Atatürk
staat. Een van de scholieren legt dan een eed af waarin het vaderland
en Atatürk worden geprezen, waarbij elke zin uit zijn of haar mond door
de rest van de groep wordt nagezegd. Elke volwassen Turks heeft dit
ritueel honderden keren meegemaakt en het staat in zijn of haar geheu-
gen gegrift. De later vermoorde journalist Hrant Dink veroorzaakte
grote ophef toen hij zei dat hij zich nooit prettig gevoeld had bij de eed
omdat hij zich geen 'Turk' voelde.

Er wordt in Turkije de laatste jaren veel gediscussieerd over het onder-
wijssysteem. Dat komt deels doordat in internationale vergelijkingen
Turkse universiteiten altijd bijzonder slecht uit de bus komen. Dat
geldt dan met name voor staatsuniversiteit, sinds enige jaren zijn er
privé-universiteiten die internationaal aan de weg proberen te timme-

ren. Daarnaast hebben veel Turken problemen met het toelatingssysteem voor universiteiten. Dat bestaat uit een examen dat een keer per jaar plaatsheeft. De jongeren die het goed doen in het examen, worden gevierd als helden. Tegenvallende resultaten kunnen zelfs leiden tot zelfmoord. Het probleem is echter dat het examen volgens experts niet echt de intelligentie van de deelnemende scholieren meet. Daarnaast hebben jongeren uit de hogere sociale milieus een betere uitgangspositie: hun ouders kunnen voorbereidingsklassen betalen, waar de lesstof voor het examen tot in de puntjes wordt doorgenomen.

Afschaffing van het examen is geen optie. Zo ongeveer elk Turks kind wil tegenwoordig naar de universiteit en er zijn simpelweg niet voldoende instellingen om aan die vraag te voldoen. Daar komt nog bij dat een universitaire opleiding al lang niet meer zicht biedt op een goede baan. De werkloosheid onder jonge afgestudeerden is hoog. Alleen een *amca* (een 'oompje' met goede contacten) kan er voor zorgen dat een jong familielid een baan vindt. In de afgelopen jaren leidde deze situatie tot een groot verschil in perspectief tussen de jongere en oudere generaties. Oudere Turken debatteren vaak en graag over hoe gelovig of seculier hun land zou moeten zijn. Voor jongeren is die vraag van secundair belang – zij willen vooral dat er meer banen komen zodat zij een eigen leven kunnen opbouwen.

Jeugd in verwarring

Gebrek aan toekomstmogelijkheden is niet het enige probleem waarmee de jeugd wordt geconfronteerd. Veel Turkse jongeren verkeren in verwarring omdat de veranderingen in het sociale leven zó snel gaan dat zij het niet meer kunnen bijhouden. Voorstanders van het Turkse lidmaatschap van de Europese Unie wijzen vaak op de jeugd, die het land dynamisch en 'sterk' zouden maken. In de praktijk zijn Turkse jongeren nogal kwetsbaar omdat de maatschappij om hen heen zo snel verandert. In Istanbul gaan die veranderingen het hardst. Het is niet moeilijk daar gezinnen te vinden waar de opa en oma niet konden lezen en schrijven en nooit hun dorpje in Anatolië uitkwamen. De vader en moeder kwamen vanuit Anatolië naar Istanbul maar bleven nog geloven in de normen en waarden van het dorpsleven. De jongeren daarentegen werden geboren in Istanbul, spreken Engels, gaan het internet op en omarmen het leven in de grote stad.

Seksualiteit en relaties is een van de gebieden waar deze verschillen het duidelijkst naar voren komen. Turkse ouders vinden nog steeds dat zij, net als vroeger, een dominante stem moeten hebben bij de huwelijkskeuze van hun kinderen. Dat komt er dan vaak op neer dat de beoogde partner uit een bevriende familie komt, bij voorkeur uit hetzelfde dorp of dezelfde streek, dezelfde sociale klasse en in ieder geval hetzelfde geloof heeft (als de ouders soennitisch zijn, mag de beoogde huwelijkspartner bepaald niet alevitisch zijn). In een rurale maatschappij vallen zulke eisen relatief gemakkelijk te vervullen maar in Istanbul, waar alles en iedereen door elkaar leeft, is dat natuurlijk stukken moeilijker. Geregeld staan in Turkse kranten verhalen over ruzies over huwelijkspartners die uiteindelijk uitlopen op een moordpartij.

Seksualiteit ligt, zeker voor meisjes, moeilijk. Hun ouders vinden dat ze pas na het huwelijk seksueel actief mogen worden. Volgens de statistieken geeft een groot maar wel slinkend gedeelte daaraan gehoor. De meisjes zitten met een groot dilemma. Als zij voor het huwelijk het bed delen met hun geliefde, voelen zij zich vaak schuldig omdat ze zich in eigen ogen als een prostituee hebben gedragen. De kans bestaat dat de jongen in kwestie de relatie beëindigt omdat hij uiteindelijk toch een maagd wil trouwen. Maar als het meisje niet intiem wordt met de jongen, maakt hij het wellicht uit.

Prostitutie

Gezien de nog altijd strenge moraal voor meisjes is het gebruikelijk voor jongens om gebruik te maken van de diensten van prostituees. In de steden zijn officiële bordelen, waar de politie de identiteitskaarten van de klanten controleert voordat zij naar binnen mogen. Naast de 'goedkope' prostituees, veelal Turken, zijn er sinds het einde van de Sovjet-Unie ook veel zogeheten Natasha's te vinden. In Istanbul is een wijk, Aksaray, waar op een bepaald moment zoveel Russische vrouwen werkten dat de overheid besloot in te grijpen. Na een aantal razzia's nam hun aantal op straat flink af, maar in de bars zijn ze nog steeds.

'Moet ik een snor hebben om serieus genomen te worden?' De uitdagende reclamecampagne trok veel aandacht in de aanloop naar de verkiezingen van 2007.

Een klant moet, voordat hij de dame krijgt, eerst wat met haar drinken in zo'n gelegenheid – natuurlijk drinkt ze dure whisky of wodka. Daarna mag de klant de vrouw meenemen naar een hotel waar hij ook de hotelkamer moet betalen. De prijs van een avondje met een Natasha loopt zo al snel op tot 300 euro, voor Turkse begrippen een aanzienlijk bedrag. De pers publiceert geregeld verhalen over jongens die een hele maand werken om een nacht met een Natasha te kunnen doorbrengen.

Homoseksualiteit

Bij de modernisering van Turkije hoort ook dat er meer wordt gediscussieerd over seksuele minderheden zoals homoseksuelen, travestieten en transseksuelen. Transseksualiteit is voor Turken bepaald geen onbekend verschijnsel. Zo liet de beroemde zanger Bülent Ersoy zich omvormen van man tot vrouw. Zijn liefdesleven is een altijd interessant onderwerp voor de boulevardpers. Ersoy trouwde in 2007 opnieuw met een veel jongere jongen, die vrijwel direct na het huwelijk met een andere dame werd gezien.

De maatschappelijke positie van homoseksuelen is nog steeds moeilijk. Homoseksualiteit onder mannen wordt overigens anders gedefinieerd dan in West-Europa. In Turkije gaat het vooral om de rol die de man vervult in het liefdesspel: als hij 'passief' is is hij homo, als hij actief is niet. Ook het leger past dit onderscheid toe. Homoseksuelen hoeven in principe het leger niet in maar dan moeten zij bewijs (foto's of een video) overleggen, waaruit blijkt dat zij de passieve rol vervullen. Sommige Turkse homo's vinden deze regel schandelijk, anderen daarentegen waarderen haar als een manier om de dienstplicht te ontlopen.

In 2005 ontketende dienstweigeraar Mehmet Tarhan een grote discussie over homoseksualiteit. Tarhan werd aanvankelijk gearresteerd omdat hij zijn dienstplicht weigerde te vervullen maar, mede gezien zijn goede contacten met de media, werd hij in de gevangenis steeds meer een luis in de pels van het leger. Om van hem af te komen wilde men hem aan een fysiek onderzoek onderwerpen, waaruit zou moeten blijken dat hij een passieve homoseksueel is en dus geen dienstplicht behoeft te vervullen. Tarhan weigerde het onderzoek echter en kreeg daarbij steun

Er bestaan veel verhalen over het ontstaan van de Turkse vlag. Een van de bekendste is dat Atatürk de maan zag weerspiegeld in een plas van bloed van Turken die hun leven hadden gegeven voor de onafhankelijkheid. Natuurlijk was de vlag al tijdens de Ottomaanse periode in gebruik maar veel Turken zijn zeer geroerd door dit verhaal.

Moskee op het platteland: de kloof tussen seculiere en gelovige Turken is nog altijd groot. Foto: Bert Spiertz

Echte Turken drinken hun thee uit een glas.

van vrouwenorganisaties. De test die het leger wilde verrichten, was eigenlijk, zo concludeerden deze organisaties, voor mannen wat de verfoeide maagdelijkheidtest voor vrouwen is.

Langzaam maar zeker verbetert de positie van Turkse homoseksuelen, maar er blijft grote weerstand bestaan tegen seksuele minderheden. Zo durven veel Turkse homo's niet open te zijn tegen hun familie over hun seksuele geaardheid; een flink aantal van hen trouwt uiteindelijk. Daar staat tegenover dat in grote steden als Istanbul een bloeiend homoleven is – in een wijk als Taksim is op de hoek van elke straat wel een homobar te vinden. Ook hamams, traditionele Turkse badhuizen, fungeren als ontmoetingsplekken. In restaurants waar veel homo's komen, kiest het management speciaal knappe obers om de clientèle visueel te gerieven. Maar de Turkse politiek doet, ondanks aansporingen van de Europese Unie, weinig tot niets om de positie van homo's en lesbiennes te verbeteren. Zo sneuvelde een artikel in het nieuwe wetboek van strafrecht dat discriminatie op grond van seksuele geaardheid strafbaar wilde stellen.

Onvrede met culturele eenzaamheid

De laatste jaren groeit de belangstelling voor Turkse cultuur in de Lage Landen. Een tentoonstelling over Istanbul in Amsterdam trok veel bezoekers. Die interesse voor Turkije heeft natuurlijk te maken met de Turkse poging lid te worden van de Europese Unie. Europeanen willen een duidelijker beeld hebben van een land dat straks misschien wel of misschien niet zal aanschuiven aan de grote tafel in Brussel. Daarnaast speelt ook de integratieproblematiek een rol. De integratieproblemen van minderheden in Nederland en België hebben 'autochtonen' geïnteresseerder gemaakt in het land van herkomst van de minderheden – ligt daar, zo wordt gevraagd, een gedeelte van de verklaring waarom het hier soms misloopt? Maar ook de mix in de Turkse cultuur van 'islamitische' elementen met de moderniteit maakt nieuwsgierig. In het Westen zijn velen, mede door het moslimextremisme, op zoek naar een symbiose van islam en moderniteit. Turkije is een van de weinige landen waar daarover wordt nagedacht.

Een van de mooiste musea in Istanbul is het Museum voor Moderne Kunst in Karaköy. De schilderijen laten zien dat alle stromingen in de moderne kunst ook in Turkije weerklank vonden. De opening werd enige jaren geleden vrij gehaast doorgevoerd – Turkije wilde op de lange weg naar de Europese Unie bewijzen dat het ook deel heeft aan de moderne kunst.

Nationalisme en lokale tradities

Veel West-Europeanen zijn vooral geïnteresseerd in de 'hogere' cultuur. In de Turkse context gaat het dan om literaire schrijvers als Orhan Pamuk en Yaşar Kemal, cineasten als Yilmaz Güney en zangers als Zeki Müren. Maar er is in Turkije ook een grote volkscultuur en daarin speelt nationalisme vaak een grote rol. Zo was acteur Cüneyit Arkın jarenlang een van de grote helden van het Turkse filmdoek. Arkın speelde eigenlijk altijd min of meer dezelfde rol – de wereld werd bedreigd door een of andere ramp maar gelukkig was daar Cüneyit Arkın die als een soort Turkse Rambo orde op zaken stelde. Arkın appelleerde daarmee aan de diep gevoelde culturele eenzaamheid in Turkije. Veel Turken voelen zich niet geliefd; zij staan alleen omdat hun land niet echt bij Europa past, maar ook niet echt bij het Midden-Oosten. Dat leidt tot gevoelens van verongelijktheid en onzekerheid. Films van Arkın fungeerden als tijdelijke pleister (een Turk redt immers de wereld!) op die eeuwige wond.

Ook het succes van schrijver Burak Turna heeft hiermee te maken. In zijn eerste boek, *Storm van Metaal*, beschrijft hij hoe de Verenigde Staten Turkije binnenvallen. Alleen een koene Turk redt het land van de ondergang. Zijn tweede boek, *De Derde Wereldoorlog*, ging nog een stap verder. In een plot met op ongeveer elke pagina nieuwe schokkende ontwikkelingen gaat een hele visie op Turkije en de wereld schuil. Arnold Schwarzenegger is president van de Verenigde Staten en het Pentagon werkt aan een nieuw militair project dat tot doel heeft een asteroïde te laten neerslaan in China. In Europa gaat het ook al niet goed. Neonazigroepen trekken steeds meer macht naar zich toe en richten slachtpartijen aan onder Turken. Daarnaast is er ook nog een groep kardinalen met allerlei snode plannen. Natuurlijk is het ook in dit boek uiteindelijk een Turk die orde op zaken stelt en de wereld redt. Het enorme succes van Turna geeft aan dat veel Turken zich nog steeds niet 'Europees' voelen; de oude culturele eenzaamheid en de angsten dat zo ongeveer de hele wereld samenspant tegen Turkije zijn nog springlevend.

Dat geldt nog sterker voor de film *Vallei van de Wolven: Irak*. Deze rolprent was een historisch succes: volgens de media zagen meer dan vier miljoen mensen (bijna 6 procent van de Turkse bevolking!) de film. De film verhaalt hoe een dappere Turkse held Noord-Irak binnentrekt om wraak te nemen voor het onrecht dat de Amerikanen zijn broer aandeden. Het succes van de film heeft natuurlijk alles te maken met de gevoelens waar zij op inspeelde. Veel Turken wantrouwen de Verenigde Staten en zijn bang dat Amerikaanse troepen ooit ook Turkije zullen binnentrekken. En dus heet de grote boef van de film, een Amerikaan, Sam – natuurlijk een verwijzing naar Uncle Sam. De hoofdfiguur van de film heeft het hart op de goede plaats en voorkomt bijvoorbeeld dat Sam een groep onschuldige kinderen opblaast. De film appelleert ook aan het Turkse gevoel dat het christelijke Westen de islam niet voldoende waardeert. Een islamitische *hoca* (leraar) voorkomt dat moslimextremisten een journalist doden. Fel in contrast daarmee staat Sam, die een kruisbeeld van Jezus om raad lijkt te vragen, en een schijnbaar Joodse dokter in Irak die zich bezighoudt met de illegale handel in menselijke organen.

Natuurlijk is dit nationalisme niet het enige wat de Turkse volkscultuur domineert. Vrijwel elke streek, etnische of religieuze groep in Turkije heeft bijvoorbeeld zijn eigen muziek. Zo speelt de *saz*, een snaarinstrument, een grote rol in de muziek van aleviten. De muziek van het gebied bij de Zwarte Zee wordt gekenmerkt door 'snelheid' – zo apart is deze muziek dat ze onmiddellijk te herkennen is. De liberalisering van de media vormde een enorme stimulans voor de volksmuziek. Vrijwel elke stad of etnische groep heeft een eigen radio- en televisiestation waar plaatselijke muziek en dansen uitgebreid te zien en te horen zijn. In de regio van de Zwarte Zee wordt de *horon* gedanst. Deze dans is alleen voor mannen, die dan gekleed zijn in zwart met zilveren versiersels. In Konya en omstreken wordt de lepeldans uitgevoerd – mannen en vrouwen in bonte kledij dansen, met in elke hand twee houten lepels.

Muzikaliteit van de taal

Veel Turken geloven dat het Turks de mooiste taal op aarde is – zij bewonderen de strakke grammatica en flexibiliteit van de taal. Nâzım Hikmet (1901-1963) staat bekend als de dichter die het vrije vers in het Turks introduceerde en aan deze taal een ongekende muzikaliteit gaf.

Hikmet, die in Thessaloniki werd geboren, kwam uit een voorname, geleerde familie. Op jonge leeftijd begon hij al poëzie te schrijven. Zijn ster steeg snel aan het firmament. Zo won hij in 1920 al een prijs voor zijn poëzie. Toen Istanbul bezet werd door het Britse leger, schreef Hikmet patriottische poëzie, die tot doel had de Turkse natie nieuwe moed te geven. In deze periode maakte hij kennis met de filosofie die zo'n grote invloed op hem zou uitoefenen: het communisme. Hikmet besloot naar de Sovjet-Unie te gaan om daar te studeren. Dat verblijf werd uiterst belangrijk voor de ontwikkeling van zijn poëzie. Zo kwam hij er in contact met het werk van Mayakovski.

Het populaire olieworstelen

Elk jaar in de zomer kijken miljoenen Turken geamuseerd toe hoe een aantal landgenoten, na zich ingesmeerd te hebben met olijfolie, met elkaar gaan worstelen. Met name het toernooi in Edirne trekt grote belangstelling. De worstelaars dragen een broek van speciaal leer die naar verluidt 13 kilo weegt. De winnaar van het toernooi in Edirne wint maar liefst 100.000 dollar. Zo befaamd is het olieworstelen dat de finale soms wordt bijgewoond door de Turkse president.

Enige jaren geleden brak een rel uit toen homoactivisten suggereerden dat het worstelen toch wel een behoorlijk homo-erotisch tintje had. De organisatoren reageerden woedend en wezen op de eeuwenlange tradi-tie van het festijn. En die traditie is er. Zo doet het verhaal de ronde dat al in de Ottomaanse tijd strijders van de sultan worstelden om het bezit van een kispet (de leren broek). Zij worstelden en worstelden omdat geen van beiden won en uiteindelijk stierven de twee van pure uitputting. Op de plaats waar het gevecht had plaatsgehad ontspron-gen, zo luidt het verhaal, veertig bronnen.

Tot 1975 was er geen tijdslimiet voor de gevechten in het kampioen-schap – soms konden twee tegenstanders elkaar wel een dag of twee te lijf. Nu zijn er strikte tijdsregels maar dat heeft het olieworstelen be-paald niet minder populair gemaakt. Zo is er een soort veiling waarbij degene die het meest biedt, de eer heeft sponsor te worden van het olieworstelen van het jaar erop.

In 1924 kwam Hikmet terug naar Turkije en leverde bijdragen aan het blad *Aydınlık*. Toen de repressie in de nieuwe Turkse Republiek toe-nam, werd het blad opgeheven. Hikmet werd bij verstek veroordeeld tot vijftien jaar. De dichter vertrok daarop wederom naar de Sovjet-Unie maar kwam in 1928 terug. Hij werd gearresteerd maar uiteindelijk sprak een rechtbank in Ankara hem vrij van alle aanklachten. Zijn ster was toen al tot ongekende hoogten gestegen: toen in 1930 twee van zijn gedichten op plaat werden opgenomen was deze in dertig dagen uitverkocht.

Maar wederom dreigde er onheil. Hikmet werd opnieuw voor het gerecht gedaagd. Bij zijn verdediging verklaarde de dichter klip en klaar dat hij een communist was en er naar streefde een 'nog radicalere communist' te worden. Wederom werd hij vrijgesproken. In 1933 was het weer raak – nu werd de dichter veroordeeld tot enige jaren gevangenis wegens het lidmaatschap van een verboden organisatie en communistische propaganda. Toen hij vrijgelaten werd, volgde een productieve periode. Zo werd zijn toneelstuk *De Vergeten Man* opgevoerd.

> *'En zo serieus moet je het leven nemen*
> *Dat je op je zeventigste nog een olijftak poot*
> *En dan niet om die aan je kinderen na te laten*
> *Maar omdat je ondanks je vrees voor de dood*
> *Niet in de dood gelooft*
> *Omdat het leven zwaarder weegt.'*
> (Nâzım Hikmet, Over het Leven, 1947)

In 1938 werd Hikmet veroordeeld tot vijftien jaar omdat hij militair personeel zou hebben aangezet in opstand te komen tegen hun superieuren. In 1950, toen de atmosfeer in Turkije na de Tweede Wereldoorlog wat milder geworden leek, begonnen intellectuelen een actie om aan te tonen dat de veroordeling onjuist was. Uiteindelijk bracht een nieuwe amnestiewet vrijheid voor de dichter. Maar de geheime politie bleef hem volgen. Toen de autoriteiten hem lieten weten dat hij zijn dienstplicht moest vervullen, besloot hij te vluchten. Eerst ging hij naar Roemenië maar reisde daarna door naar Moskou. Ook daar was hij niet echt gelukkig. Uiteindelijk stierf Hikmet in 1963 in Moskou, waar hij nog altijd ligt begraven.

In Turkije wordt Hikmet inmiddels vereerd als een groot vernieuwer. Zijn *Menselijke Landschappen*, dat een beschrijving geeft van 1908 tot de jaren na de Tweede Wereldoorlog, wordt ook buiten Turkije als een meesterwerk beschouwd. Daarnaast is alleen al zijn leven zo vol met politieke intriges en ook een schier oneindige reeks romances, dat een biograaf er zijn tanden op kan stukbijten. Maar bovenal was Hikmet een goed voorbeeld van de controversiële positie van kunstenaars en intellectuelen in Turkije. Vanaf 1938, toen hij langere tijd de gevangenis inging, tot na zijn dood was het erg moeilijk om in Turkije aan Hikmets werk te komen. In het buitenland stond hij toen al bekend als de meest vooraanstaande Turkse dichter. Hoezeer Turkije nog met Hikmet bezig is bleek uit de film (*Mavi Gözlü Dev*) die nog onlangs over zijn leven werd gemaakt.

Omstreden schrijvers

Ook schrijver Yaşar Kemal (1923) heeft voldoende politieke commotie en tegenwerking meegemaakt. Geheel onbegrijpelijk is dat niet. Kemal, die van Koerdische komaf is, probeerde het Turks nieuwe kracht te geven na de hervormingen van Atatürk. Deze wilde het Turks zuiveren van woorden die oorspronkelijk uit het Perzisch of Arabisch afkomstig waren. Volgens Kemal leidde dat tot een verarming van de taal. In zijn boeken probeert de schrijver, mede door op de volkstaal te leunen, nieuwe impulsen te geven aan het Turks. Hij sluit daarbij nauw aan bij zijn geboortestreek, het Taurus-gebergte.

Kemal botste frontaal met de machthebbers over de Koerdische kwestie. In 1995 moest hij terechtstaan wegens een vraaggesprek met het Duitse blad *Der Spiegel*, waarin hij Turkije opriep de 'vuile oorlog tegen de Koerden' te staken en hun politieke rechten toe te kennen. Hoe controversieel Kemal nog steeds is, bleek tijdens het proces tegen collegaschrijver Orhan Pamuk in 2005. Onder de vele intellectuelen die Pamuk kwamen steunen was ook Yaşar Kemal. Toen extreemrechtse demonstranten hem zagen arriveren bij het gerechtsgebouw in de Istanbulse wijk Sisli, vertrok hun gezicht van woede en riepen zij 'verrader, verrader' naar de inmiddels stokoude schrijver.

Die politieke commotie mag natuurlijk niet de aandacht wegnemen van de literaire aspecten van het werk van Kemal. Deze schrijver is de bard van het Turkse plattelandsleven, met al zijn positieve aspecten (de schoonheid van de omgeving, de verbondenheid tussen de mensen) maar ook met al zijn problemen: de strijd tussen de arme dorpsbewoners en de schatrijke *agha's* (landheren) is een thema dat continu in het werk van Kemal terugkomt. Dat is zeker het geval bij *Ince Memed* (1955), het boek dat hem wereldberoemd maakte. In de roman is de hoofdfiguur een soort moderne Robin Hood die de uitbuiting door de rijke landheer niet meer aankan. Hij vlucht naar de bergen met zijn grote liefde, Hatche, die door de landheer was voorbestemd om te trouwen met diens neef. In de bergen slaagt Memed erin de neef te vermoorden, maar de strijd met de landheer gaat door. Hatche wordt gearresteerd, maar Memed weet haar te bevrijden uit de gevangenis. Uiteindelijk wordt ook zij vermoord, maar niet nadat zij Memeds kind ter wereld heeft gebracht. Memed zelf weigert uiteindelijk de amnestie die hem wordt aangeboden en kiest ervoor in het niets te verdwijnen. Ince Memed is uiterst representatief voor het werk van Kemal. De zangerige stijl geeft het boek een magisch karakter. Duidelijk zijn ook de linkse sympathieën van de schrijver – de echte held van zijn boeken is het volk van Anatolië, dat, ondanks alle pijn van het leven, vecht voor een menselijk bestaan.

Is Kemal al omstreden, dat geldt nog veel meer voor Orhan Pamuk. Deze kreeg in 2006 de Nobelprijs voor de Literatuur. Pamuk was de eerste Turk die deze eer te beurt viel (Kemal werd jarenlang getipt maar kreeg de prijs niet). Nog steeds geloven veel Turken dat de prijs weinig tot niets te maken heeft met de literaire verdiensten van Pamuk, maar louter en alleen een beloning is voor het 'verraad' dat hij pleegde aan zijn land. In een vraaggesprek had Pamuk gezegd dat op Turkse bodem een miljoen Armeniërs en 30.000 Koerden vermoord waren. 'Daarover spreekt niemand en zij haten mij omdat ik er over spreek.'

Dat Pamuk zo ongeveer heel Turkije over zich heen kreeg, had te maken met het nieuwe Wetboek van Strafrecht dat toen net was ingevoerd. Daarin stond artikel 301, dat 'belediging van de Turkse identiteit' ver-

bood. De ultranationalistische advocaat Kemal Kerinçsiz greep dit artikel aan om Pamuk aan te klagen. Daarbij ging het hem uiteindelijk niet
eens om Pamuk – de advocaat wil voorkomen dat Turkije de Europese
Unie binnengaat en zocht daarom naar een middel om de Europese vijandigheid tegen Turkije te vergroten zodat 'Brussel' uiteindelijk 'nee'
tegen Ankara zou zeggen. De uitspraken van Pamuk waren voor hem
een geschenk uit de hemel. Op de dag dat het proces tegen Pamuk
begon, stond de straat bij het gerechtsgebouw vol met cameraploegen
uit de hele wereld.

Uiteindelijk liep de zaak met een sisser af: het Turkse ministerie bepaalde dat Pamuk zijn controversiële opmerkingen had gemaakt voordat
de nieuwe wet met artikel 301 van kracht was. Mede daarom kon Pamuk
niet vervolgd worden, zo was de juridische argumentatie, zonder expliciete toestemming van de minister van Justitie. Deze zat natuurlijk zeer
in zijn maag met het proces tegen Pamuk, dus die toestemming kwam
er nooit.

Orhan Pamuk

Buiten Turkije wordt Pamuk gezien als een van de grootste schrijvers
van de 20ste eeuw. De thema's in zijn werk (het Oosten versus het
Westen, de identiteit van Turkije, het moslimfundamentalisme) sluiten
naadloos aan bij de vragen die Turkije bij velen in de wereld oproept.
Het succes van Pamuk, die opgroeide in een rijke familie in de wijk
Nisantasi in Istanbul, kwam eigenlijk al direct nadat hij begon te schrijven. Pamuk studeerde eerst op aandringen van de familie architectuur
maar maakte die studie niet af en deed in plaats daarvan een opleiding
in de journalistiek. Zijn eerste boek, *Karanlık ve Isik* (Donkerte en licht),
won direct al een prijs van het dagblad *Milliyet*. Zijn grote doorbraak in
Turkije zelf kwam met het *Het zwarte boek* (1990). Het boek vertelt het
verhaal van de jurist Galip die op een dag ontdekt dat zijn vrouw, Rüya,
hem verlaten heeft. Galip vermoedt dat Rüya het heeft aangelegd met
haar halfbroer, een columnist voor het dagblad *Milliyet*. Deze columnist
is ook verdwenen en om zijn vrouw te vinden gaat Galip leven als de
columnist – hij gaat zelfs zijn column schrijven. Meer nog dan een zoektocht in Istanbul is het boek een queeste naar de essentie van litera

tuur. Het boek staat vol met de columns van de journalist, die uitgebreid reflecteert over Istanbul, Turkije en hun verleden.

Naast *Het zwarte boek* schreef Pamuk een reeks andere romans waarin
dezelfde problematiek van identiteit centraal staat. Dat geldt bijvoorbeeld duidelijk voor *Benim adım kirmizi* (Mijn naam is Rood) uit 1998.
In het boek, dat duidelijk de invloed weerspiegelt van een van Pamuks
helden, Borges, gaat het aan de oppervlakte over een moord op een
miniaturist in het Ottomaanse Rijk. Maar in een labyrint van plots, sub-
plots, knipogen binnen een plot-in-een-subplot, gaat het om veel meer,
namelijk om de vraag wat de essentie van literatuur is en van Turkije.
Pamuk laat in het boek een bonte variëteit van mensen en objecten
aan het woord, zoals een munt en zelfs de kleur rood.

Bloeiperiode Turkse muziek

De Turkse muziek beleeft een grote bloeiperiode en raakt ook steeds
meer buiten Turkije bekend. Zo werd Sezen Aksu, de grande dame van
de Turkse popmuziek, in Frankrijk de Turkse Edith Piaf genoemd. Op
internationaal gebied is Tarkan de superster. Zijn lied *Sımarık*, dat door
Sezen Aksu werd geschreven, werd over de hele wereld een grote hit.
In Turkije betekent popster-zijn dat ook je privéleven zwaar onder de
loep wordt genomen: zo staan er elk weekend cameraploegen bij befaamde discotheken om te kijken wie daar wie kust. Tarkan kreeg de
hele Turkse media over zich heen toen er opeens foto's opdoken die
leken te suggereren dat hij homoseksueel was, of in ieder geval bisek-
sueel. Tarkan heeft inmiddels een vriendin maar in Turkije wordt vaak
gegrapt dat zij elke maand een salaris krijgt om hem in het openbaar te
kussen.

Is Tarkan populair bij de jongere generatie, de absolute held van oudere
Turken is Zeki Müren (1931-1996). Nog steeds zeggen de huidige
Turkse sterren op televisie dat niemand in Turkije zo'n stem had of
heeft als Müren en dat niemand zijn dictie kan evenaren. Müren werd
daarnaast bekend om zijn extravagante shows op de bühne, waarin hij
ooit verscheen in het pak van een Romeinse gladiator en in een Schotse

kilt. Ook speelde hij in een aantal films de rol van een man die alles doet om de liefde van een vrouw te winnen. Dat laatste was nauwelijks in overeenstemming met zijn privéleven, want niemand in Turkije twijfelt eraan dat Müren homoseksueel was. In het Turks wordt geen onderscheid gemaakt tussen mannelijk of vrouwelijk, dus het was nooit duidelijk wat het geslacht van de persoon was waar Müren over zong. En eigenlijk deed dat er ook niet toe – Müren is vooral de zanger van de onvervulde liefde, een thema dat in de Turkse cultuur zo vaak voorkomt. 'Waar is degene die mijn hart bezit?', zingt hij in een van zijn chansons. 'Ik heb overal gezocht maar kan hem niet vinden.'

Zeki Müren had een klassieke opleiding en studeerde onder andere aan de befaamde Bosforus-universiteit. Dat geldt bepaald niet voor Ibrahim Tatlıses (1952), die nog steeds een superster in Turkije is. Tatlıses werd geboren in de stad Urfa. Naar eigen zeggen kon hij niet studeren aan de universiteit van Oxford omdat er in Urfa geen Oxford is. Nadat zijn vader stierf werd Tatlıses, die Koerdisch is, opgevoed door zijn moeder. Al op jonge leeftijd begon hij te zingen op bruiloften en feesten. Zijn carrière kwam echter pas echt van de grond toen hij naar Istanbul verhuisde. Tatlıses zong vele liedjes in de stijl van de arabesk – liedjes zoals de Nederlandse smartlap, die stil staan bij de ontelbare problemen die het leven kent. Net als die van Müren is ook de stem van Tatlıses legendarisch.

De laatste jaren komt Tatlıses, die inmiddels aan het hoofd staat van een heel zakenimperium van onder andere restaurants, steeds meer in het nieuws door zaken die weinig of niets met muziek te maken hebben. Zo was hij in de verkiezingen van 2007 kandidaat voor de Jonge Partij van zakenman Cem Uzan. Zijn optreden op televisie werd toen in Turkije vooral komisch bevonden. Tot consternatie van de interviewer antwoordde hij op de vraag wat zijn politieke slogan was dat 'alles wat opstijgt ook weer moet landen op een bepaald moment'. 'Is er ooit zo'n politieke leuze geweest?', vroeg de interviewer. Tatlıses staat in Turkije nog om twee andere dingen bekend, zijn uiterst turbulente liefdesleven (dat breed wordt uitgemeten in de Turkse media: de liefde met wederom een nieuwe dame eindigt meestal vrij snel en slaat dan om in absolute animositeit) en zijn vermeende contacten met de Turkse maffia. Ten tijde van de verkiezingen van 2007 waren er verschillende dossiers in handen van de politie waarin de naam van Tatlıses voorkwam. In Turkije werd wel gesuggereerd dat hij parlementslid wilde worden om zo parlementaire onschendbaarheid te verwerven. Dat lukte hem overigens niet: Tatlıses werd niet gekozen.

Oog voor traditie

Zeynep Fadillioğlu is sinds enige jaren een grote ster in het Turkse design. Met haar stijl neemt ze afstand van het modernisme dat Turkije lange tijd beheerste en grijpt ze onder andere terug op elementen uit de Ottomaanse tijd. In de traditie van het modernisme is licht fel en komt vaak uit minimalistische buizen. Niet bij Fadillioğlu: zij houdt van zacht licht en voegt vaak een soort glazen muur aan haar ontwerpen toe dat het licht nog verder tempert. De populariteit van Fadillioğlu bewijst dat Turkije meer oog krijgt voor zijn eigen traditie. Dat valt ook duidelijk te zien aan het succes van de firma Simit Sarayi. Een simit is een soort Turks broodje. Simit Sarayi heeft de simit weer aantrekkelijk gemaakt door er bijvoorbeeld een lekker schijfje kaas tussen te stoppen. De muziek in Simit Sarayi vestigingen is meestal Turks. Fadillioğlu is enthousiast over de renaissance van de Turksheid, simpelweg omdat die aansluit bij wat Turken willen. 'Wij leerden dat je thee moest drinken uit kopjes, net als de Europeanen. Maar Turken houden er uiteindelijk veel meer van om thee te drinken uit glazen', zegt ze. 'Zet een paar Turken bij elkaar en ze willen Frans eten', voegt ze daaraan toe. 'Maar als de groep groter wordt, gaan ze voor (het traditioneel-Turkse) köfte.'

De Turkse muziek is wellicht de meest creatieve sector in de Turkse cultuur. Zülfü Livanelli (1946) is naast schrijver en filmregisseur ook zanger. Liederen van hem werden onder andere uitgevoerd door Joan Baez. Livanelli, die links in het politieke spectrum staat, moest Turkije enige tijd verlaten en leefde onder andere in Parijs en Athene, waar hij goede contacten legde met de Griekse componist Mikis Theodorakis.

Met laatstgenoemde richtte hij een comité op dat zich ten doel stelde de vriendschap tussen de Griekse en Turkse volkeren te verstevigen. Ook Livanelli, inmiddels ambassadeur voor Unesco, heeft zich met de politiek beziggehouden. In 2002 werd hij gekozen als parlementslid voor de strengseculiere CHP-partij. Hij raakte echter in onmin met de leider van de partij, Deniz Baykal. De al eerder genoemde Sezen Aksu heeft meer dan wie ook gedaan om de Turkse popmuziek internationaal op de kaart te zetten. Het was haar protégé, Sertab Erener, die enige jaren geleden het Songfestival won voor Turkije. Ook het werk van Aksu heeft politieke connotaties: zo zet zij zich al jaren in voor de rechten van de vrouw.

De opkomst van de Turkse film

In 1896 werd de eerste film vertoond in – toen nog – het Ottomaanse Rijk. De Turkse cinema kwam langzaam op gang. In 1939 waren er nog maar twee filmproductiemaatschappijen. De grote bloei van de Turkse film begon pas na de Tweede Wereldoorlog. De film *Susuz Yaz* (Een droge zomer) won een Gouden Beer in Berlijn in 1964. De film van Metin Erksan vertelt hoe een landeigenaar een dam in een rivier legt om zo al het water zijn kant op te sturen en zijn concurrenten te vernietigen.

Zeker in West-Europa is de bekendste regisseur uit de periode na de Tweede Wereldoorlog Yilmaz Güney, wiens film *Yol* de Gouden Palm won op het festival van Cannes in 1982. Güney, die een Koerdische achtergrond had, stond bekend om zijn politiek linkse opvattingen en dat maakte dat hij flink wat tijd in de gevangenis doorbracht. In 1974 werd hij vrijgelaten maar direct daarna ging het mis. Tijdens een dinertje schoot Güney een openbare aanklager dood, omdat deze op een – in de ogen van Güney – onbetamelijk wijze naar diens tafel had gekeken. In 1981 ontsnapte Güney uit de gevangenis, waarna hij naar Frankrijk vluchtte. Güney, die naast regisseur ook acteur was, stierf uiteindelijk in ballingschap aan maagkanker.

Zijn film Yol is nog steeds zijn bekendste. De film vertelt het verhaal van vijf gevangenen die verlof krijgen en bij hun bezoek aan het thuisfront ontdekken hoezeer Turkije veranderd is. Als een van hen terugkomt in zijn dorp, ziet hij dat het in puin ligt. Een ander ontdekte dat zijn vrouw het in zijn aanwezigheid met een andere man heeft aangelegd. Zijn familie wil dat hij haar vermoordt maar uiteindelijk kan hij dat niet opbrengen.

De Turkse keuken: Lippen der Geliefden

De bekendste Turkse gerechten zijn inmiddels ook bij ons gemeengoed geworden: şiş kebab (geroosterd vlees aan pennen), börek (warme pasteitjes, köftes (geroosterde gehaktballetjes) en pide (plat brood). Beroemd zijn baklava met honing en noten en natuurlijk het Turkse fruit.

Turkije kent veel verschillende regionale keukens. De invasies van vreemde volkeren in het verleden hebben hun sporen achtergelaten. Er is een oneindige variatie aan gerechten en iedere streek heeft z'n eigen culinaire specialiteit. Vaak met nogal poëtische namen: Vrouwen dijen, Hare-Majesteit-vond-het-lekker, de Navel-van-de-Dame, Lippen-der-Gelieven. De Turken zijn trots op hun gerechten, en rekenen hun keuken tot de drie 'grandes cuisines', samen met de Chinese en de Franse keuken.

De Turken houden ervan om groenten te vullen. Aubergines en paprika's worden vaak gevuld met een pittig mengsel van gehakt, groenten en kruiden. Andere geliefde groenten zijn komkommer, prei, spinazie, uien. Een van de befaamdste smaakmakers in de Turkse keuken is de tomaat, vaak in de vorm van puree, samen met ui en knoflook. Verse kruiden zoals oregano, peterselie, koriander, selderie en munt worden veel gebruikt; specerijen zoals komijn, piment en kaneel meestal in combinatie met vlees. Ook yoghurt en honing spelen een belangrijke rol in de Turkse keuken. Bij vrijwel elke maaltijd wordt ayran (een yoghurtdrank) geschonken. Vele soepen en sauzen hebben yoghurt als basis.

Bron: Kokkieblanda (http://turks.kokkieblanda.nl)

In de jaren negentig raakte de Turkse filmindustrie in een zware crisis maar na 2000 brak een nieuwe periode van bloei aan. De komedie *Vizontele* trok meer dan 2,5 miljoen bioscoopbezoekers. De tragikomedie vertelt het verhaal van een klein dorp dat kennismaakt met de televisie. Tragisch genoeg is een van de eerste uitzendingen die op de televisie worden ontvangen een bericht over de invasie van Cyprus (1974), waarbij de zoon van de burgemeester als soldaat om het leven is gekomen. Een ander groot succes was de film *Babam ve Oğlum* (Mijn vader en mijn zoon). Deze vertelt het verhaal van Sadik die weigert om landbouwkundig ingenieur te worden zoals zijn vader Hüseyin dat wilde. Sadik gaat naar Istanbul om daar journalistiek te studeren. Hij raakt er verzeild in de politiek en wordt, in de woelige periode na de staatsgreep van 1980, gearresteerd. Als hij vrijkomt uit de gevangenis, gaat hij met zijn zoon terug naar zijn vader Hüseyin, die hem uit zijn leven heeft geschrapt. De film vertelt hoe de vader en de zoon (die inmiddels doodziek is) weer een relatie proberen op te bouwen. *Babam ve Oğlum* appelleerde zo aan het publiek dat mensen elkaar uitgebreid vertelden bij welk deel van de film zij in de bioscoop in huilen waren uitgebarsten.

De grootste kaskraker tot nu toe was het al eerder genoemde *Kurtlar Vadisi: Irak*. Ook internationaal is er steeds meer aandacht voor de Turkse film. Zo werd *Dondurmam Gaymak* in ogenschouw genomen voor een nominatie als beste buitenlandse film voor de Oscars.

Mensenrechten, politiek en media

Toen de betrekkingen tussen Turkije en de Europese Unie nog goed waren, zei premier Ecevit dat het zijn land zo'n vier jaar zou kosten om te voldoen aan alle vereisten van de Europese Unie. Natuurlijk was dat te optimistisch ingeschat: de Europese Unie heeft inmiddels zo'n 80.000 pagina's aan wetgeving. Zelfs het best georganiseerde land ter wereld zou het jaren kosten om de nationale wetgeving aan te passen aan de eisen van Brussel. Dit optimisme van Ecevit geeft aan dat in de tijd dat hij premier was (1999-2002) veel Turken nauwelijks een idee hadden wat het betekent om lid te worden van de Europese Unie: ze zagen Europa vooral als een soort vriendenclub waar je, na een goed gesprek, direct lid van kan worden. Maar bovenal liet de opmerking van Ecevit zien dat hij en veel van zijn mede-Turken nauwelijks oog hadden voor een aantal dossiers waaraan Europa groot belang hecht. En het meest in het oog springende daarvan zijn natuurlijk de mensenrechten.

Turkije is een van de weinige landen in deze wereld waarin het parlement officieel heeft vastgesteld dat er sprake is van marteling. Met name aan het einde van de jaren negentig was de mensenrechtencommissie van het Turkse parlement uiterst actief. Onder leiding van voorzitter Sema Pişkinsüt bracht de commissie onaangekondigde bezoeken aan politiebureaus. In 2001 publiceerde Pişkinsüt het zogeheten *Martelboek* en daarin sprak zij klare taal. Bij deze bezoeken, zo vertelt Pişkinsüt, probeerde de politie op allerlei mogelijke manieren de martelapparatuur te verbergen – vaak was er een geheim luik, waarachter een speciale ruimte lag waarin de verdachten werden gemarteld. De twee favoriete martelmethoden vonden plaats met behulp van water en elektriciteit.

De situatie is ongetwijfeld verbeterd. Dat komt in de eerste plaats doordat de Europese Unie Turkije te verstaan heeft gegeven dat het zonder verbetering van de mensenrechten nooit lid zal kunnen worden. Mede daarom voerde de regering vooral in de periode 2001-2004 grote veranderingen door. Zo kwamen er wetten die paal en perk stelden aan martelen. Belangrijker nog voor de toekomst was dat op politiescholen uitgebreid onderwijs werd gegeven over mensenrechten – hele generaties jonge politieagenten krijgen nu als boodschap mee dat martelen

Bağdat Cadessi, hippe winkelstraat in Istanbul.

fout is. Daarnaast hebben de media meer aan macht gewonnen – als de oproerpolitie inhakt op een demonstratie in Taksim-plain, zijn er direct tientallen televisiecamera's bij om dit aan het publiek te melden.

Heeft dit allemaal voldoende effect gehad? In 2007 kwam mensen-rechtenorganisatie Amnesty International met een vernietigend rapport over de mensenrechten in Turkije. Terecht, want het land kent nog een groot aantal problemen. Politieagenten stonden tientallen jaren boven de wet. Zo'n situatie verander je niet van de ene op de andere dag. Het resultaat is dat politieagenten, hoe duidelijk het bewijs ook is, vrijwel nooit schuldig worden bevonden door de rechter. Een van de meest tra-gische voorbeelden daarvan had plaats bij Mardin, waar een vader en zijn jonge zoon werden doodgeschoten. De officiële verklaring van de politie was dat beiden bij de PKK hoorden en tijdens hun arrestatie het vuur hadden geopend. Uit de autopsie bleek evenwel dat de kogels die de twee hadden gedood, vooral in hun rug zaten. Tijdens de rechtszaak werden uiteindelijk niet de verantwoordelijke politieagenten in de be-klaagdenbank gezet maar de advocaat van de familie, omdat hij de rechtbank 'beledigd' zou hebben.

Gemengd beeld

In 2007 had nog een andere ontwikkeling plaats: het Turkse parlement veranderde de wet en gaf de politie meer bevoegdheden. De achtergrond van deze verandering was de strijd tegen het terrorisme in Turkije, voor-al dat van de PKK. Zo mag de politie huiszoeking verrichten zonder daar-toe toestemming te hoeven vragen aan de openbare aanklager. Daarnaast zijn de regels voor het gebruik van vuurwapens verruimd.

Mensenrechtenorganisaties zien deze ontwikkelingen met zorg aan. In Diyarbakır bleek in 2006 dat de politie nog steeds niet de standaarden van de Europese Unie had bereikt. Nadat in de stad rellen waren uitge-broken, werden honderden, vaak minderjarige relschoppers gearresteerd. De regel dat arrestanten voor en na detentie naar een dokter gebracht moeten worden, zodat deze kan vaststellen of er sprake is geweest van marteling, werd niet toegepast. De mensenrechtenorganisatie IHD stelde

Dit jongetje is feestelijk gekleed voorafgaand aan z'n besnijdenis. De besnijdenis bij Turkse jongens vindt meestal plaats als ze tussen de vijf en tien jaar oud zijn. Meisjesbesnijdenis komt nauwelijks voor.

Een ontwerp van Zeynep Fadillioğlu, een grote ster in het Turkse design.
Met haar stijl neemt ze afstand van het modernisme en grijpt ze terug op
elementen uit de Ottomaanse tijd.

een dossier op met foto's die blijk zouden geven van mishandeling. Een jaar later was nog niemand veroordeeld.

Het zijn zulke ontwikkelingen waardoor met name oudere Turken zeggen dat Turkije de Europese Unie simpelweg nodig heeft. Vooral de oudere generatie binnen het politieapparaat is opgegroeid met het idee dat je een verdachte eerst een klap in zijn gezicht moet geven, voordat je hem wat vraagt. Vanaf het begin verzetten grote groepen binnen de politie zich tegen de hervormingen die de Europese Unie aan Turkije voorstelde. Ze vonden dat deze hun handelingsbevoegdheden al te zeer inperkten. De toenemende terreur binnen Turkije heeft veel politici gevoelig gemaakt voor dat argument.

Onder druk van de Europese Unie is het gevangenissysteem wel een stuk leefbaarder geworden. Tot het begin van het nieuwe millennium waren veel gevangenisafdelingen, waar vaak tientallen gedetineerden verbleven, in handen van de maffia of van extreemlinkse groeperingen zoals de DHKP/C. Deze bepaalden de dagindeling, variërend van ideologische training tot gevechtstechnieken. Om hier een einde aan te maken kwam de Turkse regering met het idee voor kleinere cellen, waar op zijn hoogst drie gedetineerden samen zouden verblijven. Europa juichte het plan toe maar vooral de extreemlinkse groeperingen vreesden hun macht te verliezen. Zij bezetten delen van gevangenissen in Istanbul. De bezetting liep uit op een drama: Turkse ordetroepen vielen de gevangenissen binnen, waarbij een aantal gedetineerden de dood vond.

Media en de vrijheid van meningsuiting

De zorg over het gebrek aan vrijheid van meningsuiting richt zich vooral op artikel 301 van het Wetboek van Strafrecht. Dat artikel is een goed voorbeeld van hoe moeilijk het is om een mentaliteit te veranderen. Vanaf het begin van de Republiek kende Turkije wetsbepalingen die moesten voorkomen dat belangrijke instituties beledigd zouden worden. Bij de herziening van het strafrecht om dat op één lijn te krijgen met de vereisten van de Europese Unie, leek de gedachte gerechtvaardigd dat het nieuwe wetboek van strafrecht liberaler zou worden. Dat bleek niet het geval. Zo werd bepaald dat journalisten opnamen alleen mogen gebruiken als de persoon die op de opnamen voorkomt daar expliciet zijn toestemming voor geeft – dat betekende natuurlijk het einde van opnamen met de geheime camera en undercover. Veel controversiëler nog was artikel 301, dat belediging van de Turkse identiteit strafbaar stelde.

Achter de bepaling ging een gedachte schuil die veel Europeanen moeilijk kunnen begrijpen. In Turkije is de notie 'eer' erg belangrijk – als je eer wordt aangetast, word je geacht daar direct tegen in het geweer te komen. Met name nationalisten achten het begrip 'eer' ook van toepassing op Turkije: als iemand Turkije beledigt, zo zeggen zij, dan is dat simpelweg een misdaad en moet het staatsapparaat in het geweer komen.

De Turkse regering heeft ettelijke malen beloofd artikel 301 af te schaffen maar vooralsnog is dat nog niet gebeurd. Ook in de AK-partij van premier Erdoğan geloven velen dat zo'n artikel noodzakelijk is om de 'eer' van Turkije te waarborgen. Een lange lijst Turkse intellectuelen heeft zich inmiddels voor de rechter moeten verantwoorden en daar ligt natuurlijk het venijn van het artikel. De processen leiden vrijwel nooit ergens toe maar zij creëren wel een klimaat van zelfcensuur – niemand vindt het leuk om voor de rechter te moeten verschijnen dus passen sommige journalisten hun artikelen maar aan om problemen te voorkomen.

Binnen de journalistiek zijn er toch al 'rode lijnen' die journalisten vrijwel nooit overschrijden. Een daarvan is natuurlijk het leger. Wat er gebeurt als een journalist daar in negatieve zin over schrijft, bleek toen in het voorjaar van 2007 het blad *Nokta* met een reeks onthullingen kwam. Zo zouden groepen binnen het leger in 2004 maar liefst twee keer serieus overwogen hebben een staatsgreep te plegen. Daarnaast houdt het leger lijsten bij van 'bevriende' en 'vijandelijke' journalisten en onderhoudt het contacten met bevriende maatschappelijke organisaties. Het nieuws sloeg in als een bom maar de reactie kwam vrijwel direct. De financier van het blad zette de financiële steun aan het blad stop en de politie haalde de burelen van het blad overhoop. Alper Görmüs, de hoofdredacteur van het blad, kreeg een proces aan z'n broek.

Betekent dit alles nu dat er totaal geen vrijheid van meningsuiting is? Bepaald niet, de mediasector heeft zich de afgelopen jaren bijzonder snel ontwikkeld. Turkije staat al jaren in de internationale top-5 wat het aantal uren betreft dat er televisie wordt gekeken. Toen de regering toestemming gaf voor commerciële televisie, spoten de televisiestations uit de grond. Er is ook verscheidenheid binnen de media – grote televisiestations als ATV en Kanal D zijn meer seculier gericht, maar ook Haber 7, dat zich juist op de gelovige Turk richt, is flink in opkomst.

Toch gewone mensen in het leger

Journalist Umur Talu weet dat de tijden in Turkije veranderen. Toen hij een artikel publiceerde over ongelijkheid in het Turkse leger, veroverde hij het hart van de lagere rangen in de strijdmacht. Ze bestookten hem met e-mails en sms'jes met hun onvrede over de hiërarchische structuur van het leger. Voor Nederlandse begrippen is zulke openheid misschien normaal maar voor Turkse begrippen was het een sensatie. De strijdmacht was lange jaren een homogeen blok. Gewone burgers hadden niet of nauwelijks contact met militairen. Deze wonen in aparte appartementengebouwen, winkelen in aparte winkels: kortom, ze leefden in een apart universum. Mede daarom waren veel Turken zo bang van de strijdmacht: als je mensen niet kent, weet je nooit wat ze zullen gaan doen. Mede door het werk van Talu blijken militairen nu ook gewone mensen. Zo klagen de langere rangen dat het leger hun geen detectoren geeft om mijnen op te sporen. Mede daarom vallen er veel meer doden in de strijd tegen de PKK dan welbeschouwd zou hoeven. De top van de strijdmacht investeert daarnaast, zo zeggen zij, niet in gepantserde wapens die betere bescherming bieden.

Ongetwijfeld hebben de media een grote rol gespeeld bij de liberalisering van de Turkse maatschappij. Zo zijn er op elke zender praatprogramma's waarin flink wordt gediscussieerd over bijvoorbeeld de positie van de vrouw. Ook wordt er kritiek geleverd op de autoriteiten – CNN Türk bracht bijvoorbeeld in 2000 een programma ter herdenking van de grote aardbeving die een jaar eerder had plaatsgehad. Om te onderstrepen dat de autoriteiten in de ogen van de zender veel te weinig hadden gedaan aan de wederopbouw, werden de opnamen gemaakt in een straat die er nog precies zo bij lag als vlak na de ramp. Maar de vrijheid van meningsuiting in Turkije is lang niet toereikend – altijd ligt er een rechtszaak op de loer.

De beperkingen op de vrijheid van de meningsuiting zouden nog wel op te lossen zijn als er een liberale regering aan de macht zou komen, en als een nieuwe generatie, wat minder onderdanige, journalisten zich serieus gaat inspannen om de grenzen te verleggen. Moeilijker is dat met machtsstructuren in de mediawereld, die in hoge mate bepalend zijn voor wat de televisiekijker aan nieuws krijgt voorgeschoteld. Zo wordt een groot deel van de media beheerst door de familie Doğan, die de kranten *Hürriyet*, *Milliyet* en *Radikal* bezit en het televisiestation *Kanal D*. De baas van het media-imperium, Aydın Doğan, staat er om bekend dat hij zijn media tot op de punten en de komma's in de gaten houdt. Hoezeer dat de koers van de kranten beïnvloedt, bleek tijdens de verkiezingscampagne in 2002, toen de AK-partij van premier Erdoğan aan de macht kwam. Vooral in Milliyet, dat goede banden onderhoudt met het leger, werd Erdoğan afgeschilderd als moslimfundamentalist. Toen Erdoğan de verkiezingen won, veranderden de Doğan-kranten opeens hun koers en ontdekten dat Erdoğan toch veel goede dingen te bieden had. Na deze koerswijziging stelden velen de vraag of de journalisten op andere gedachten waren gekomen of dat deze omslag voortkwam uit de angst van een mediatycoon die bang was zijn goede betrekkingen met de regering te verspelen.

De staat heeft altijd gelijk

Valt het al niet mee om de media om te vormen tot 'Europese' standaarden op het gebied van de vrijheid van meningsuiting, omvorming van het staatsbestel is waarschijnlijk nog moeilijker. Het Turkse staatsbestel wordt gekenmerkt door een enorme bureaucratie. Dat is deels een erfenis uit de Ottomaanse periode maar heeft waarschijnlijk ook veel te maken met de manier waarop de Turkse Republiek ontstond. De revolutie van Atatürk vond immers van boven af plaats. In West-Europa was het veelal toch eerst de maatschappij die liberaliseerde en eisen op het gebied van goed bestuur (eerlijkheid, transparantie) stelde aan de staatsbureaucratie.

In Turkije bepaalde het volk nooit hoe de bureaucratie functioneerde. Deze zag zichzelf als de voorhoede van de revolutie van moderniteit. De gewone burger, aldus de bureaucraten, leefde nog in het verleden en moest geholpen worden het moderne tijdperk te betreden. Maar helaas blijven bevlogen elites – bij afwezigheid van een verantwoordingsplicht aan het volk – zelden de goede weg bewandelen en raken ze veeleer verstrikt in corruptie en vriendjespolitiek. Turkije was wat dat betreft geen uitzondering: een groot deel van de bevolking ziet hoge ambtenaren als zakkenvullers die – als het even kan – een greep in de staatskas doen.

Geheel onbegrijpelijk is die gedachte niet. Zo raakte de toenmalige gouverneur van de Centrale Bank in 2001 in opspraak. Toen Turkije de band tussen de dollar en de Turkse lire los sneed en de lire in een dag tientallen procent aan waarde verloor, verdiende hij al speculerend – en gebruikmakend van zijn kennis dat de lire zou depreciëren – grote sommen geld. Voormalig premier Mesut Yilmaz heeft, daar zijn velen van overtuigd, schatten verdiend aan de aanleg van een grote weg in het Zwarte Zeegebied. Yilmaz, die van nog veel meer wandaden wordt beschuldigd, had de twijfelachtige eer als eerste voormalig premier voor het gerecht te moeten verschijnen wegens corruptie. Uiteindelijk werd hij nergens voor veroordeeld en werd hij in 2007 weer als onafhankelijk kandidaat voor de stad Rize in het parlement gekozen.

Moderne democratie

Officieel is modernisering van het politieke systeem geen toelatingseis voor de Europese Unie maar het is wel een van de punten waarop Turkije nog het meeste werk te verrichten heeft wil het een moderne democratie worden. Neem de partijvorming. In veel West-Europese landen zijn het de leden die bepalen wie er op de lijst komen bij de verkiezingen van een nieuw parlement, of wie de nieuwe politieke leider wordt. In Turkije heeft de leider de absolute macht in de partij en bepaalt wie er gaat plaatsnemen in de volksvergadering. Omdat de partijleider zo'n absolute macht heeft kan hij of zij eigenlijk alleen maar op een 'vuile' manier worden gewipt. Zo verspreidden tegenstanders van de leider van de ultranationalistische MHP, Devlet Bahçeli, in de aanloop naar de verkiezingen van 2007 geruchten dat deze op de loonlijst zou hebben gestaan van de veiligheidsdienst MIT (de MHP haalde de kiesdrempel en kwam in het parlement, het smaadoffensief mislukte).

Hoe moeilijk verandering is binnen de partijen bleek bij diezelfde verkiezingen. De strengseculiere CHP-partij droomde van een grote overwinning. Maar de AK-partij van premier Erdoğan won en de CHP bleef qua stemmenaantal min of meer gelijk. De ontnuchtering binnen de partij was groot; binnenskamers werd gemord dat de leider, Deniz Baykal, zo halsstarrig overkwam in de media dat hij zelfs de meest fervente seculiere Turk van zich vervreemdde. Maar Baykal, die zijn partij al jarenlang leidde, overleefde de onvrede dankzij het kader de CHP, dat geheel door hem was benoemd. Zij wilden niet van Baykal af, hoe graag de gemiddelde CHP-kiezer dat ook wellicht zou willen.

De macht van de partijleider is absoluut in Turkije: hij (of zij) is degene die bijvoorbeeld de kandidatenlijst opstelt voor de parlementsverkiezingen. Premiers zien er daarom vaak van af om belangrijke wetgeving aan het parlement voor te leggen in de aanloop naar de verkiezingen. De kandidatenlijsten zijn dan klaar en er is altijd wel een aantal zittende parlementsleden die daar niet meer op staan – premiers zijn bang dat deze zo woedend zijn dat ze met de oppositie gaan meestemmen.

Ook op een ander punt zou Turkije nog moeten moderniseren: politiek in Turkije betekent vaak vriendjespolitiek. Zo zijn partijen alleszins bereid om in conservatieve Koerdische gebieden goede banden te onderhouden met de *aga*, de leider van de clan, omdat deze uiteindelijk bepaalt hoe iedereen stemt. In andere gebieden wordt vaak een beroep gedaan op de staatskas om ervoor te zorgen dat belangrijke groepen kiezers tevreden blijven en de regerende partij niet in de steek laten.

Neem het stadje Giresun, bekend vanwege zijn hazelnoten. Vele tientallen jaren geleden werd in Giresun een coöperatief opgericht dat de noten van de boeren opkocht. Nu is alles in Turkije politiek, dus had het bestuur van dit coöperatief een duidelijke politieke signatuur. Om de steun van de hazelnootboeren voor de politieke partij te handhaven, betaalde het coöperatief vaak prijzen die weinig meer met de wet van vraag en aanbod van doen hadden. De verkoop van de noten konden die uitgaven in ieder geval niet dekken; met als gevolg dat het coöperatief steeds weer schulden opbouwde. Maar altijd was de regering in Ankara weer bereid om het coöperatief in Giresun uit de brand te helpen en de schulden over te nemen.

Een van de meest interessante ontwikkelingen van de afgelopen jaren is dat steeds meer politici willen breken met die traditie van cliëntelisme. Zo liet premier Erdoğan tijdens de verkiezingscampagne van 2007 duidelijk aan de hazelnootboeren in het Zwarte Zeegebied weten dat hij geen 'loze' beloften kon doen. Cem Uzan, de leider van de Jonge Partij, werd tijdens diezelfde campagne de risee van Turkije met de belofte dat de benzine 1 lire per liter (toen: ongeveer 60 eurocent) zou worden. Alle politici van andere partijen lieten in koor weten dat dit werkelijk kiezersbedrog was. Overigens deed de AK-partij van premier Erdoğan ook nog wel een beetje aan de oude clientelistische politiek. Zo maakte zij voor de verkiezingen bekend meer dan 5 lire per kilo hazelnoten te willen geven, een fikse verhoging vergeleken met de 4 lire die de boeren in het jaar voor de verkiezingen kregen uitbetaald.

Niemand in Turkije ontkent overigens dat het politieke systeem hard aan modernisering toe is. Zo is er al jaren een stevige discussie over het kiessysteem, dat enerzijds gebaseerd is op een districtenstelsel maar toch ook weer uitgaat van een kiesdrempel van 10 procent. Tijdens de verkiezingen van 2007 bleek tot welke bizarre resultaten dit systeem leidde. De AK-partij van premier Erdoğan haalde maar liefst 12 procent meer stemmen dan in 2002 maar kreeg minder zetels in het parlement. Een van de redenen daarvoor was dat de ultranationalistische MHP-partij de kiesdrempel van 10 procent haalde. In 2002 deed zij dat niet, waardoor de stemmen op deze partij als het ware in het niets verdwenen en de AK-partij meer zetels in het parlement behaalde.

Het was een dag in 2001 die weinig Turken zullen vergeten. Al langere tijd stond de nationale munteenheid, de Turkse lire, onder druk. In een poging de koers van de munt, die in een vaste verhouding stond tot de dollar, te redden had de Centrale Bank op gigantische schaal steunaankopen verricht. Het mocht niet baten: de lire moest de lijn met de Amerikaanse dollar loslaten en werd binnen een dag tientallen procenten minder waard.

Dat was voor velen een tragische gebeurtenis. Het was toen nog zeer gebruikelijk om leningen voor een huis of een auto af te sluiten in euro's of in dollars. Doordat deze munten in een dag tientallen procenten aan waarde wonnen (en hun inkomsten in Turkse lires onveranderd bleven), zaten velen ineens tot aan hun nek in de schulden. Als gevolg van de crisis kromp de economie binnen een jaar met zo'n 7,5 procent. Honderdduizenden verloren hun baan. Zo groot was de psychologische crisis dat een groep prominente Turken, onder wie de industrieel Sakip Sabancı en popzanger Tarkan, in een reclamespot op de televisie verscheen met de boodschap dat, hoe groot de problemen ook waren, Turkije er wel uit zou komen.

Dat is ook gebeurd. Maar hoe kwam het dat de economie in 2001 zo kwetsbaar was en waarom was zij een jaar of vijf later (toen een aantal opkomende economieën in zwaar weer kwam te verkeren) veel robuuster? Pikant genoeg was de aanleiding tot de crisis van 2001 een meningsverschil tussen de toenmalige premier, Bülent Ecevit, en Ahmet Necdet Sezer, de president die toen in functie was. De spanning liep zo hoog op dat er een Turks wetboek over de tafel werd gegooid. De politieke onzekerheid was de laatste druppel in een grote emmer van toenemende spanning in Turkije. Het land probeerde uit een economisch dal te komen door een herstelprogramma, dat de zegen had van het Internationaal Monetair Fonds. Turkije kende van oudsher een aantal grote problemen zoals een groot tekort op het overheidsbudget, een inflatie van soms wel 100 procent en de veel te grote greep van de staat op de economie. Dat laatste leidde mede tot een enorme corruptie. De aanhoudende crises verstoorden ook de balans in de economie – speculeren in valuta of het uitzetten van geld tegen een enorme rente leverde

meer op dan een fabriek openen en goederen produceren. Het herstel-
plan van het IMF was ambitieus en had als centrale pijler de vaste kop-
peling tussen de Amerikaanse dollar en de Turkse lire. Natuurlijk kon
zo'n programma alleen slagen als alle economische actoren zich aan
een strikte discipline hielden. Dat deed de staat niet. De overheidsbud-
getten waren te hoog en de inflatie nam snel toe. Gecombineerd met
een aanhoudende crisis in de banksector zorgde dat ervoor dat de valu-
tamarkten niet meer in het Turkse herstel geloofden en de crisis uit-
brak.

Een van de opvallendste aspecten van de recente Turkse economische
geschiedenis is dat het land er toch vrij snel, met behulp van enorme
IMF-leningen, in slaagde deze crisis achter zich te laten. In 2002
groeide de economie weer met zo'n 7 procent en in de jaren daarop
bleef zij dat doen, in 2004 met bijna zelfs 9 procent. Bij het herstel
speelde Kemal Derviş Pişkinsüt een grote rol. Deze had een hoge baan
bij de Wereldbank, totdat premier Bülent Ecevit hem vroeg om terug te
komen naar Turkije. Hij deed dat en begon – met steun van het IMF –
een actief hervormingsbeleid. Dat beleid werd onder de regering van
premier Erdoğan voortgezet. Zo nam de regering eindelijk stappen om
de uiterst fragiele banksector te hervormen en het toezicht van de overheid op de sector te vergroten. Ook kwamen er maatregelen om buitenlandse investeringen te vergroten. Die bleven niet zonder resultaat, bui-
tenlands kapitaal stroomde het land binnen.

Buitenlandse experts prijzen de Turkse economie maar Turken zelf zijn
vaak cynisch. In de verkiezingscampagne van 2007 kwamen met name
de linkseculiere CHP-partij en de ultranationalistische MHP-partij met
zware kritiek op de globalisering in het algemeen en – meer specifiek –
op de gevolgen daarvan voor Turkije. Toen bijvoorbeeld de Nederlandse
ING de Turkse Oyak-bank overnam, leidde dat tot een storm van protest. Veel Turken zagen de overname als een vorm van imperialisme
(grote Turkse bedrijven als Koc en Sabancı nemen ook bedrijven over in
het buitenland maar daar lijken Turken geen problemen mee te hebben). Met name de CHP kwam in de verkiezingscampagne met treurige
verhalen over borium. Turkije bezit, aldus de partij, 63 procent van de

wereldvoorraden van dit mineraal maar verkoopt deze tegen – in de ogen van de CHP, althans – voor schandalig lage prijzen aan bijvoorbeeld de Verenigde Staten.

Economische kerncijfers

Bruto binnenlands product: 403,5 miljard dollar
Bbp per hoofd van de bevolking: 5.433 dollar
Economische groei: 4,9% (schatting 2007)
Uitvoer: 91,7 miljard dollar
           Belangrijkste producten: kleding en textiel, voedselproducten, metaalproducten, transportmiddelen
           Belangrijkste partners: Duitsland, Verenigd Koninkrijk, Italië, Verenigde Staten, Frankrijk
Invoer: 131,9 miljard dollar
           Belangrijkste producten: machines, chemische producten, halfproducten, brandstof, transportmiddelen
           Belangrijkste partners: Rusland, Duitsland, China, Italië, Frankrijk
Buitenlandse schuld: 193,6 miljard dollar
Bron: EVD (cijfers over 2006, tenzij anders vermeld)

Zulke vertogen verhullen natuurlijk niet dat ook vanuit economisch oogpunt het voor Turkije erg gunstig zou zijn als het lid zou worden van de Europese Unie. Turkije en de EU hebben overigens nu al sterke economische banden. In 2003 ging 58,1 procent van de Turkse exporten naar de Europese Unie, terwijl zo'n 52 procent van de Turkse importen uit de Unie kwamen. Als Turkije EU-lid zou worden, zullen deze cijfers wellicht nog verder toenemen.

Belangrijk is ook de stem in de besluitvorming die het lidmaatschap van de Europese Unie met zich mee brengt. In 2003 bestond de Europese import uit Turkije voor 40 procent uit textielproducten. De EU had in de jaren erna een problematische verhouding met China, dat zo goedkoop textiel produceert dat zelfs Turkije daar moeilijk tegen kan concurreren. Tragisch genoeg had het geen stem in de onderhandelingen

tussen Brussel en Peking over openstelling van de Chinese markt, terwijl die openstelling natuurlijk directe consequenties had voor de Turkse exporten naar de Europese Unie. Zou het EU-lid zijn geweest, dan
had Turkije zijn belangen beter kunnen beschermen. Daarbij komt dat
het lidmaatschap, net zo als dat bij de Oost-Europese landen het geval
was, het vertrouwen van de internationale economische wereld in Turkije versterkt. De internationale investeringen in Turkije nemen toe
maar vaak betreft het, zo klagen Turkse economen, overnames van
Turkse bedrijven en minder vaak gaat het om het opstarten van nieuwe
economische activiteiten. Door een Turks EU-lidmaatschap zal het
beduidend beter in het zicht komen van internationale bedrijven.

Groeiende handelsrelaties met Nederland/België

Handel van Nederland met Turkije (in mln. euro)

	Invoer	Uitvoer
2004	1.417,2	2.446,0
2005	1.672,4	3.055,6
2006	1.781,5	3.322,7

Bron: Economische Voorlichtingsdienst (EVD)

Handel van België met Turkije (in mln. euro)

	Invoer	Uitvoer
2004	1.793,8	2.470,8
2005	1.884,1	2.647,4
2006	1.973,3	2.965,7

Bron: ministerie van Economische Zaken, België

Na het EU-lidmaatschap zou Turkije op termijn ook lid kunnen worden
van de Economische en Monetaire Unie (EMU). Puur economisch gezien zou dat voor Turkije uiterst zinvol zijn. Miljoenen toeristen komen
immers elk jaar vanuit Europa naar Turkije. Als zij in Turkije met euro's
kunnen betalen, is dat een stimulans voor de toerismesector. Toezicht
van de Europese Unie op het nationale budget zou voor Turkije, waar
gebrek aan fiscale en budgettaire discipline in het verleden tot grote

economische crises leidde, bepaald heilzaam zijn. Tenslotte zou het lidmaatschap van de Unie Turkije kunnen helpen bij het oplossen van een van de grootste problemen van de economie – het gebrek aan balans tussen het rijkere, meer ontwikkelde westen van het land en het armere, achtergebleven oosten. Ook veel Turken weten dat de Europese Unie flink heeft geïnvesteerd in de infrastructuur van bijvoorbeeld Griekenland, toen dat lid werd. De hoop, terecht of onterecht, is dat Europa hetzelfde zal doen als Ankara ooit het groene licht zal krijgen.

Wat heeft Turkije de EU te bieden?

Veel Europeanen zien Turkije als een arm land dat, als het eenmaal lid is van de Unie, een groot beslag zal leggen op het Brusselse budget. Aan de Turkse kant is de perceptie heel anders: daar wordt vaak verwezen naar de vergrijzing in de EU. De jonge Turkse bevolking biedt uitkomst voor het langzaam maar zeker stokoude Europa. Daarnaast wijzen Turken graag op de natuurlijke hulpbronnen van hun land.

In hoeverre berusten al die angsten en verwachtingen op harde wetenschappelijke gegevens? Turkije is bepaald minder arm dan veel Europeanen wel denken. Problematisch is wel dat de regionale ongelijkheid erg groot is. Ten tijde van de economische crisis van 2001 gaf meer dan de helft van de ondervraagden aan te willen emigreren naar West-Europa. De laatste jaren is die animo afgenomen. Dat heeft niet alleen te maken met de groei van de Turkse economie sinds 2001; veel Turken weten ook dat nieuwkomers die de taal niet spreken in veel Europese landen weinig kans op een baan hebben.

In Turkije is ook de groeiende islamofobie in Europese landen veelvuldig in het nieuws is. Zo weten veel Turken wie PVV-politicus Wilders is. Zijn pleidooi om de Koran te verbieden, werd breed uitgemeten in de Turkse media. Dat alles bij elkaar maakt dat de Turkse neiging om te emigreren beduidend minder is dan in de jaren zestig, toen de eerste generatie Turkse gastarbeiders naar West-Europa kwam.

Beter beeld van Turkije

Eind november 2007 opende in Den Haag het Turkije Instituut de deuren. Het instituut is door de Nederlandse initiatiefnemers opgezet om een beter beeld te geven van de politieke, economische en sociale ontwikkelingen in Turkije. De nadruk ligt op de betrekkingen tussen Nederland en Turkije, tussen Turkije en de Europese Unie, en tussen Turkse migranten in Nederland en hun moederland. Het Turkije Instituut doet dat door middel van lezingen, bijeenkomsten, uitwisselingen, onderwijs en een website (www.turkije-instituut.nl). Het instituut is onafhankelijk van de Turkse en Nederlandse regering. De financiering is mogelijk gemaakt door Nederlandse bedrijven en de gemeente Den Haag.

Turkije zou wel de Europese banden met het Midden-Oosten kunnen verstevigen. Een Turks lidmaatschap zou laten zien dat de Europese Unie als institutie niet lijdt aan islamofobie, en dat zou het imago van de Unie in de Arabische wereld zeker ten goede komen. Ondanks wederzijdse vooroordelen is er zeker ook een vriendschappelijke relatie tussen Turkije en de Arabische wereld. Veel Arabische landen maakten ooit deel uit van het Ottomaanse Rijk. De regerende AK-partij van Recep Tayyip Erdoğan probeert de banden met de regio verder aan te halen.

Wellicht dat op langere termijn energie de belangrijkste Turkse troefkaart wordt op weg naar de Europese Unie. De laatste jaren is de EU zich er zeer bewust van dat de voorraden fossiele energie beperkt zijn en dat een ongehinderde toestroom van energie een veiligheidsbelang is. De kwestie werd uiterst actueel in januari 2006, toen een conflict ontstond tussen de Oekraïne en Rusland over de prijs van gas. Toen Rusland de gaskraan dichtdraaide, leed niet alleen de Oekraïne daaronder maar ook Hongarije, Polen en Oostenrijk. De crisis overtuigde veel Europese politici ervan dat het tijd was de aanvoer van energie te diversifiëren. Turkije denkt dat het daarbij een belangrijke rol kan spelen. De regering heeft zichzelf tot doel gesteld van het land een energiecorridor te maken.

Een van de belangrijkste projecten daarbij is de pijplijn tussen Bakoe, de hoofdstad van Azerbeidzjan, en Ceyhan, een Turkse stad aan de Middellandse Zee. De aanleg van de lijn laat zien hoezeer energiepolitiek een kwestie van de hoogste politieke orde is geworden. De olie is afkomstig uit het Azeri-Chirag-Guneshli olieveld in de Kaspische Zee. Het traject van de pijplijn is grillig: vanuit Bakoe loopt zij via Georgië naar Turkije. De reden daarvoor is louter politiek. Transport van de olie via Armenië is onmogelijk wegens de politieke problemen tussen Erevan, Ankara en Bakoe. Met name de VS (die zeer bezorgd zijn om de geopolitieke stabiliteit van het gebied) verklaarden zich tegen transport van de olie via Rusland (dat toch al zoveel troefkaarten heeft in de energiesector) en Iran (dat door Washington als politiek onbetrouwbaar wordt beschouwd). Het gevolg van dit alles is dat de lijn voor een groot deel door Turkije loopt. Het belang van de pijplijn zit 'em vooral in de enorme oliereserves in de regio: voldoende om gedurende acht jaar aan de wereldbehoefte te voldoen.

Veel Turken maken zich grote zorgen over de gevolgen van de Tsjernobyl-ramp in de voormalige Sovjet-Unie. Via de wind zou een gedeelte van het radioactieve materiaal in het gebied van de Zwarte Zee zijn terechtgekomen. De vroege dood (kanker) van zanger Kazim Koyuncu in 2005, afkomstig uit het gebied van de Zwarte Zee, deed het debat weer oplaaien. Harde bewijzen ontbreken echter.

Ook op het gebied van gas wil Turkije een functie van corridor vervullen. Belangrijk is het Blue Stream-project. Deze pijplijn vervoert gas vanuit Rusland naar Turkije. In 2010 zou de 1.213 km lange pijplijn 16 miljard m³ gas per jaar naar Turkije moeten brengen. Op de agenda staat nog een hele reeks andere projecten. Zo is Turkije betrokken bij de Trans-Kaspische pijplijn. Het project leek veelbelovend maar al snel ontstond politieke onenigheid tussen de deelnemers. In 2006 werd desondanks het eerste segment, van Bakoe naar Erzurum, opengesteld. Het voor de Europese Unie meest interessante project is ongetwijfeld de Nabucco-pijplijn. Deze moet gas vanuit Turkije naar Oostenrijk vervoeren. De verbinding, die naar schatting zo'n 4,6 miljard euro gaat kosten, maakt deel uit van het Trans-Europese Energie Netwerk Programma van de Europese Unie. In 2009 moet het werk aan de pijplijn beginnen en in 2012 moet het afgerond zijn. In 2020 zou dan 30 miljard m^3 gas per jaar naar het Westen gepompt kunnen worden.

Anders zakendoen

Zaken doen in Turkije valt niet mee voor buitenlanders. Daar zijn natuurlijk veel redenen voor. Weinig buitenlanders spreken Turks bijvoorbeeld en veel zakenlieden ontdekken tot hun verbijstering dat ze smeergeld moeten betalen om allerlei zaken geregeld te krijgen. Maar er is ook een groot verschil in zoiets als de economische psychologie tussen de gemiddelde Turkse ondernemer en zijn Europese collega. Neem contracten. Veel Europeanen geloven dat het goed is, voordat twee partijen met elkaar in zee gaan, om duidelijke afspraken te maken en die ook op schrift vast te leggen. Veel bedrijven in Turkije, ook de grote holdings, zijn vaak familiebedrijven. Het woord van de baas (of in het geval van Sabancı: bazin) heeft daar veel meer waarde dan welke handtekening of clausule dan ook. Buitenlandse ondernemers hebben het daar moeilijk mee. Nog moeilijker hebben die niet-Turken het met de neiging van hun Turkse zakenpartners om contracten open te breken. Vanuit de Turkse psychologie is die neiging goed te begrijpen. De Turkse economische structuur was lange tijd niet stabiel. Hollende groei werd afgewisseld met diepe crises en de inflatie liep soms wel op tot 100 procent. Vanuit de Turkse psychologie bekeken is elke dag daarom anders en kan het nodig zijn om eerder gemaakte afspraken aan een nieuw onderzoek te onderwerpen.

Crisis in de landbouw, textiel en toerisme sterk

Naast regionale ongelijkheid is er ook een grote ongelijkheid tussen de verschillende economische sectoren. De landbouwsector is op veel punten zwak. Een van de redenen waarom de industriële sector zo gemakkelijk kon expanderen was het grote aantal arbeidskrachten in de landbouwsector die graag bereid waren een bestaan elders op te bouwen.

STERKE GROEI VAN DE BUITENLANDSE HANDEL

Voornaamste exportpartners in 2006 in procenten van de totale Turkse export

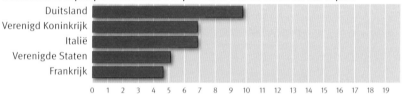

Voornaamste importpartners in 2006 in procenten van de totale Turkse import

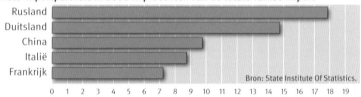

Bron: State Institute Of Statistics.

In 2006 ging 56,1 procent van de export van Turkije naar EU-landen, oftewel 50 miljard US dollar. De import vanuit Europese landen bedroeg 42,4 procent van de totale import, wat neerkomt op 59,1 miljard US dollar.

De export van Turkije naar het Midden-Oosten en Afrika bedroeg in 2006 18,6 miljard US dollar. Datzelfde jaar bedroeg de Turkse import uit het Midden-Oosten en Afrika 12,9 miljard US dollar. De import vanuit het Midden-Oosten bestaat voornamelijk uit ruwe olie.

Voor wat betreft de Turkse uitvoer staat Nederland op een negende plaats. Voor de Turkse invoer geldt dat Nederland, na EU-landen zoals het Verenigd Koninkrijk, Spanje en België, op de achttiende plek staat.

Groei van de Turkse import en export van goederen sinds 2001 (in mld us$)

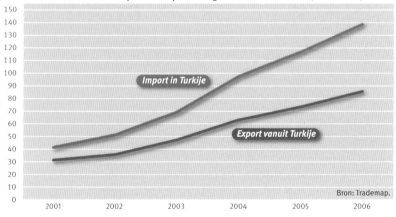

Bron: Trademap.

© GEOGRAFIEK, 2007

De Grote Bazaar in Istanbul is met 200.000 m2 en meer dan 4.000 winkel-tjes de grootste overdekte markt ter wereld.

De landbouwsector bleef buiten de douane-unie die de Europese Unie
en Turkije in de jaren negentig sloten. Binnen de Unie bestaat grote
angst dat Turkse boeren, zoals hun collegae in andere landen van de
EU, een groot beroep zullen gaan doen op de kassen van de Unie.
Europa probeert sinds enige jaren de subsidies in de landbouwsector
terug te dringen, een eventueel Turks lidmaatschap zou daarmee op
gespannen voet kunnen staan.

Maar er is ook een moderne landbouw- en veeteeltsector. In een cirkel
rond Istanbul bevinden zich tal van bedrijven waar op industriële wijze
kippenvlees wordt geproduceerd. In 2006 kwam de sector in het nieuws
toen Turkije als eerste land in Europa werd geconfronteerd met een uit-
braak van de vogelgriep van het beruchte virus H5N1 onder mensen.
Mede dankzij de goede organisatie in de sector (zo kwam er een ferme
reclamecampagne om te onderstrepen dat kippenvlees, mits goed ge-
kookt, niet gevaarlijk is) kon de crisis snel worden overwonnen.

Ook de katoenverbouw is een sterke landbouwsector. Maar dat neemt
niet weg dat grote delen van de landbouw en veeteelt in een crisis verkeren. Ten minste 25 procent (de statistieken verschillen) van de Turkse bevolking werkt in deze sector, maar de bijdrage aan het BNP is
slechts 17 procent. Daarbij komt nog dat de Turkse staat enorme hoe-
veelheden subsidies in de sector pompt. Om hoeveel geld het precies
gaat is onduidelijk; sommige schattingen gaan ervan uit dat de subsidies oplopen tot 7,5 procent van het bnp.

Het grootste probleem in veel sectoren is het gebrek aan technologi-
sche innovatie. Neem de hazelnoten. Vooruitstrevende hazelnootprodu-
centen hebben de regering voorgesteld de sector flink te moderniseren.
Zo willen zij geen prijsgarantiesysteem (waarbij alle noten tegen een
vastgestelde prijs worden opgekocht) meer maar een systeem van vraag
en aanbod. Boeren die daardoor ten onder zouden gaan, moeten directe
inkomenssteun krijgen. Belangrijker nog is een voorstel om de noten van
de boeren (die vaak enorm in kwaliteit verschillen) gescheiden op te
slaan, zodat er een systeem van kwaliteitsdifferentiatie mogelijk wordt.
Tenslotte pleiten deze producenten voor meer onderzoek en marketing

– hazelnoten, zo zeggen zij, vormen een uitstekende basis voor allerlei dieetproducten, zoals dieetbakolie. Tot nog toe is er weinig met deze suggesties gebeurd.

Dat de landbouwsector soms wel degelijk positief reageert op vernieuwingen bewijst het GAP-project. Het project, dat zich richt op een groot gebied in Zuidoost-Turkije, heeft onder andere tot doel de hoeveelheid bevloeibaar land aanzienlijk te vergroten door de aanleg van dammen en stuwmeren. Deze worden ook gebruikt om energie te leveren aan de regio. Het project is niet onomstreden (zo betogen archeologen dat historische schatten onder water verdwijnen) maar het geeft wel een stimulans aan de regio. Maar liefst zeventien waterkrachtcentrales maken deel uit van het project dat, aldus de Turkse regering, in 2010 zo'n 20 procent van het Turkse energieverbruik zal dekken.

Moderne moslimkleding

Een van de meest originele en succesvolle bedrijven van de laatste jaren is Tekbir. Het bedrijf verkoopt moderne kleding, die voldoet aan de kledingvoorschriften van de islam. 'Er is niets in de Koran dat moslimvrouwen voorschrijft alleen zwart te dragen', zo zei Mustafa Karaduman van Tekbir ooit. 'Wij zijn gelovig maar lezen de Koran goed. Alles wat mag, doen we, zolang het binnen de kledingvoorschriften past.'
Bij Tekbir vind je bijvoorbeeld felgekleurde hoofddoeken en japonnen die ook ver verwijderd zijn van monotoon zwart. Soms maakt ook het gelovige Tekbir een foutje. Zo tekende een klant protest aan tegen een jurk met een grote split, die te veel van het vrouwenlichaam zou onthullen. Het ontwerp werd direct door Tekbir uit de markt gehaald.
Overigens doet het bedrijf op bepaalde punten wel concessies. Zo laat het zijn kleding op de catwalk showen door professionele mannequins. 'Het is heel goed mogelijk', aldus Karaduman, 'dat ze vandaag onze kleren dragen en morgen een moderne bikini aan het publiek laten zien.'

Ook toerisme is een uiterst moderne sector in de Turkse economie. Ook deze sector heeft met problemen te kampen gehad. Zo ontstond er een grote crisis in 1999, nadat de leider van de Koerdische Arbeiderspartij (PKK), Abdullah Öcalan, was gearresteerd. Extremistische Koerden dreigden toeristen met aanslagen als zij naar Turkije zouden komen. De wereldwijde aandacht die deze dreigementen kregen, zorgden ervoor dat de Turkse stranden leeg bleven. In de jaren daarna kwam de sector echter sterk terug. Dat had ongetwijfeld te maken met de toenemende koelbloedigheid van menig toerist, die tot de conclusie is gekomen dat bomaanslagen overal in de wereld mogelijk zijn.

> *Een van de opvallendste verschijningen in de Turkse zakenwereld is Güler Sabancı, de vrouw die sinds enige tijd aan het hoofd staat van het grote Sabancı-concern. Güler Sabancı is niet breedsprakig maar komt direct to the point. Zij kleedt zich niet in creaties van Chanel maar kiest vaak voor vrijetijdskleding. Een van haar missies is om Turkije dichter bij Europa te brengen – zo subsidieerde Sabancı een grote tentoonstelling over Picasso.*

In 2002 bezochten 12,7 miljoen toeristen Turkije, in 2004 was dat opgelopen tot 16,8 miljoen. Die toename was voor een groot gedeelte het werk van de sector zelf. Deze kwam met laaggeprijsde arrangementen en voerde het 'all-in'-concept in. Het bleek een succesformule voor toeristen die geen al te groot budget hebben. Door het succes ontstaan overigens weer nieuwe problemen. Zo krijgen toeristen – om de kosten te drukken – vaak hetzelfde eten voorgezet. Het aantal hotels groeit zo sterk dat het niet lukt goed personeel te vinden voor de receptie dat genoegen neemt met een laag salaris en desalniettemin vreemde talen spreekt. Zelfs voor personeel dat alleen de kamers hoeft schoon te maken, moeten hotels tegenwoordig ver het Anatolische achterland in om mensen te rekruteren. Daarnaast klagen veel toeristen over het gedrag van Russische medebezoekers in hun hotel. Een nieuwe middenklasse in Rusland kan het zich nu ook veroorloven om op vakantie te gaan. In de ogen van veel West-Europese toeristen gedragen zij zich echter wat al te assertief: zo verschenen in West-Europese kranten uitgebreide verhalen over hoe deze Russen zich als aasgieren storten op het ontbijt- en het avondbuffet, terwijl de West-Europeanen verbijsterd toekijken. De sector lijkt zich deze kritiek overigens aan te trekken – sinds enige tijd laten sommige hotels aan de Turkse Rivièra weten dat er zich geen Russen onder hun clientèle bevinden.

Ook in de industriële sector zijn er sterke Turkse bedrijven. Zo maakt Vestel 25 procent van alle televisiesets die in Europa worden verkocht. Ook de auto-industrie bloeit – Turkije staat inmiddels zesde op de lijst van autoproducerende landen in Europa. De sterke groei van de Turkse economie van de afgelopen jaren maakt dat de autoproducerende bedrijven de toekomst met vertrouwen tegemoet zien. Turkije trok in 2005 zo'n 9,6 miljard dollar aan indirecte buitenlandse investeringen. De winnaar van de verkiezingen in 2007, Tayyip Erdoğan van de AK-partij, liet toen hij zijn regering had gevormd direct weten dat economische liberalisering en modernisering een van zijn topprioriteiten is voor de komende periode. Als hij zijn woord gestand houdt, zullen de buitenlandse investeringen zeker aanzienlijk gaan toenemen.

Wat het antwoord op deze vraag zo moeilijk maakt, is dat de identiteit van de Europese Unie niet of nauwelijks bevredigend is gedefinieerd. Na de Tweede Wereldoorlog zag de eerste generatie van federalisten 'Europa' vooral als een afdoende medicijn tegen de oorlogen die het continent eeuwenlang hadden geplaagd. Anderen zagen 'Europa' direct al anders – zo geloofden zakenlieden en industriëlen dat de schaalvergroting waartoe Europese integratie zou leiden een gunstige voedingsbodem zou vormen voor verdere economische groei. Weer anderen zagen 'Europa' vooral als een politiek project, dat tot doel had een vuist te maken tegen de Amerikaanse hegemonie. Wat betreft de basisfilosofie van 'Europa' zijn de meningsverschillen nog groter. Gelovige christenen zien nog steeds het christendom als basis van de Europese cultuur en mede daarom ook van de Europese Unie. Anderen daarentegen wijzen erop dat juist in Europa tijdens de Renaissance en zeker de Verlichting het belang van de christelijke godsdienst afnam. Als Europa ergens op is gebaseerd, zo zeggen zij, dan is het op humanisme en mensenrechten.

Voor de gemiddelde Turk zijn al deze verschillen uiterst verwarrend. In de Turkse media wordt vaak gesproken over 'Europa' alsof de Unie een homogeen blok is, waarin miljoenen inwoners hetzelfde denken. In een zich ontwikkelende democratie als Turkije, waar nog niet zo lang geleden staatsgrepen plaatshadden, zijn veel mensen zich niet bewust van het belang van de publieke opinie in West-Europese landen. Als het West-Europese electoraat Turkije niet wil dan zal Ankara geen lid kunnen worden, wat politici ook diep in hun hart mogen denken. Daarbij komt nog dat de Europese Unie sinds het 'nee' tegen de Europese grondwet in Frankrijk en Nederland, in een grote crisis verkeert – veel Europese politici willen de Unie dichter bij de burger brengen maar geloven dat al te veel verwijzingen naar een eventueel Turks lidmaatschap die taak alleen maar bemoeilijkt.

Maar ook in Turkije is de realiteit gecompliceerd. Veel Europeanen refereren nog steeds aan Turkije als een 'moslimstaat'. Maar in de Ottomaanse tijd al was er sprake van een uiterst diverse bevolking van niet alleen moslims maar ook joden, Armeniërs en Grieks-orthodoxe christenen. Sinds Atatürk is Turkije een seculiere republiek, waar de overheid de islam onder controle houdt en er strenge regels zijn over bijvoorbeeld het dragen van de hoofddoek. Daar staat dan weer tegenover dat het huidige Turkije qua religie behoorlijk homogeen is – de christelijke minderheden zijn min of meer van de kaart verdwenen. Vrijheid van godsdienst is er ook niet voor de volle 100 procent, niet voor moslims (nog steeds kunnen uiterst gelovige moslims moeilijk een baan bij de overheid vinden) maar zeker ook niet voor christenen. Bekering van de islam tot het christendom ligt zeer gevoelig: in 2007 had nog een moordpartij plaats in een uitgeverij waar Bijbels werden gedrukt, in de stad Malatya.

Of Turken zich uiteindelijk 'Europees' voelen, is ook niet erg duidelijk. Atatürk werd geïnspireerd door de Franse Revolutie en probeerde de nieuwe Turkse Republiek in die traditie te verankeren. De nieuwe elite ging daarin mee en stortte zich bijvoorbeeld op de Europese klassieke muziek. De eigen culturele traditie zag die elite vaak als een residu van het verleden. De 'Europese' identiteit werd gezien als een ideaal, waarvoor gevochten moest worden. In West-Europa daarentegen zien mensen hun 'Europese' identiteit als een product van eeuwen van historische ontwikkeling, dat er simpelweg is en waarvoor geen strijd geleverd hoeft te worden. Zoals we al zeiden zijn de tegenstellingen binnen Turkije ook uiterst groot. Om te beginnen de regionale verschillen: inwoners van Izmir beschouwen zich als Europees en nemen vaak afstand van mede-Turken uit Anatolië. Naast de elite is er ook de grote massa van het Turkse volk. Ziet de elite 'Europeanisering' als ideaal, het volk staat vaak dichter bij de islam en klaagt over de beperkingen die worden opgelegd aan de godsdienstbeleving. En dan is er ook nog de urbanisatie en de kloof tussen jong en oud. Oudere Turken die opgroeiden in hun dorpjes in Anatolië kijken anders naar het leven dan hun kinderen die opgroeiden in Istanbul en het internet als hun natuurlijke leefdomein beschouwen. Zo snel verandert Turkije dat ook Turkse sociologen niet meer precies weten hoe de samenleving in elkaar steekt. Het land wordt snel rijker en hele generaties Turken gaan voor het eerst in hun leven op vakantie. Het land ontwikkelt zich pijlsnel.

Maar zal het ooit lid worden van de Europese Unie? Gezien de verzake-
lijking van de sfeer in de Europese Unie zal Turkije uiteindelijk keiharde zakelijke argumenten nodig hebben om Europeanen van zijn
belang te overtuigen. Turkije groeit snel en vormt voor Europese bedrijven een aantrekkelijke afzetmarkt. Bovendien is Turkije van plan zich
om te vormen tot de belangrijkste 'energiecorridor' in Europa. Vooral
Turkse ondernemers denken dat dit een belangrijke troefkaart is. Maar
steeds meer Turken vinden dat de weg naar Europa toe uiteindelijk
belangrijker is dan de feitelijke toetreding. Voldoen aan de Europese
standaarden, zo liet premier Erdoğan na zijn verkiezingsoverwinning van
2002 weten, betekent simpelweg dat Turkije een beter land wordt,
waar marteling verboden is en de gewone burgerrechten gerespecteerd
worden. Vanuit dat perspectief beschouwd moet Turkije de reis naar
Europa voortzetten, ongeacht of het ooit in Brussel zal aankomen.

Praktische informatie

Reisinformatie

Heel algemeen gesproken is Turkije interessant voor twee groepen toeristen. De eerste daarvan is die der zonaanbidders – zij vinden in miljoenen getale de weg naar steden als Antalya, Bodrum en Marmaris. Als je van de zon houdt, is de zomer de beste tijd om te komen. Maar onderschat de aantrekkingskracht van het voorjaar en najaar niet – dan zijn de temperaturen aan de Turkse Rivièra naar Nederlandse begrippen al aantrekkelijk maar de grote schare zonaanbidders is dan nog niet gearriveerd.

Voor de culturele toerist is Istanbul de aantrekkelijkste stad om te bezoeken. De lijst van bezienswaardigheden aldaar is schier oneindig. De bekendste zijn natuurlijk de Aya Sofia en de Blauwe Moskee. Maar vergeet bijvoorbeeld ook niet de cisternen, het aquaduct uit de Byzantijnse tijd dat vlak in de buurt van het plein ligt. En ga ook eens uitgebreid wandelen in de buurt van het Taksim-plein dat door veel Turken als het hart van het moderne Istanbul wordt beschouwd. Daar ligt bijvoorbeeld het legermuseum, waar een klasje is nagebouwd met daarin – kan het anders! – als meest prominente leerling Atatürk, de vader van het moderne Turkije. Ben je het lawaai van Taksim zat, neem dan de boot naar de eilanden bij Istanbul. Daar kun je fietsen huren of je met een koets laten rondrijden. Vanuit Kabataş vertrekken geregeld snelle veerboten naar de eilanden.

Istanbul is bepaald niet de enige stad in Turkije die het bezoeken waard is. Als je eens iets heel anders wil zijn, vlieg dan naar Diyarbakır. Die stad kun je gebruiken als uitvalsbasis voor bezoeken in de omgeving, bijvoorbeeld naar Mardin, dat befaamd is om zijn vele kerken, of naar Urfa. Die stad heette Edessa in vroegere tijden en wordt vaak genoemd in de grote tocht die de lijkwade van Jezus (die nu volgens gelovigen in Turijn wordt bewaard) vanuit het Heilige Land gemaakt zou hebben. Misschien wel de mooiste plek van Turkije is Kappadokië, waar het landschap zo ruig is dat er wel westerns zijn opgenomen. Daar vind je ook de beroemde onderaardse steden die je nog steeds kunt bezoeken.

Restant van een Byzantijnse stadspoort in Iznik. De Turkse jeugd leert op school weinig over het Byzantijnse Rijk. Foto: Bert Spiertz

Çeşme (Turks voor 'bron') is een populaire badplaats aan de Westkust. Vooral windsurfers komen er graag. Foto: Bert Spiertz

Infrastructuur

Turkije groeit snel en dat heeft ook gevolgen voor de infrastructuur. Sinds enige jaren is het vliegverkeer geliberaliseerd. De positieve kant daarvan is dat binnenlands vliegen stukken goedkoper is geworden. Het nadeel is dat het vliegveld in Istanbul compleet overbelast is en dat het wel voorkomt dat een vliegtuig een half uur bij de piste moet wachten voordat het kan vertrekken. Toch is vliegen aan te raden. Het is sneller dan met de bus en ook aanzienlijk veiliger. De Turkse wegen staan bekend om de vele ongelukken die daar gebeuren. Vrijwel elke week is op het Turkse nieuws een nieuw verkeersongeluk te zien waarbij het aantal dodelijke slachtoffers soms in de tientallen loopt. Mede daarom is zelf een auto huren in Turkije, hoewel niet al te duur, bepaald niet aan te raden. Autorijden in Istanbul is hoe dan ook gevaarlijk voor Nederlanders/Belgen, die er meestal niet op getraind zijn snel te reageren op onverwachte acties van andere weggebruikers.

Accommodatie

In Turkije is het aan te raden om ten minste een driesterrenhotel te nemen. Ook veel Turken zelf weten niet bepaald hoe het systeem van de toewijzing van de sterren werkt. Vast staat wel dat het bepaald geen objectieve lakmoestest is. Als je in Istanbul logeert, is een hotel in Sultanahmet aan te bevelen. Houd je meer van de stadse drukte, ga dan naar Taksim. Vraag voor je incheckt, wat voor creditcards het hotel accepteert. American Express is niet erg courant in Turkije, Visa en Master wel. Besef dat Turkije al gebruik maakt van een systeem waarbij creditcards een pincode hebben. Kijk altijd toe als je creditcard door de machine wordt gehaald, zeker bij winkels die tapijten verkopen – in het verleden werd daar soms flink gesjoemeld.

Veiligheid

Wees voorzichtig, net als in andere landen. In grote steden als Istanbul zijn er altijd Turken op uit om toeristen te bezwendelen. Zo is het een befaamde truc om toeristen mee te lokken naar een nachtclub waar de rekening dan astronomisch blijkt te zijn. Tel je geld voorzichtig nadat je hebt gepind, zeker in Taksim en omgeving. Ook in Turkije is er sinds enige jaren van sekstoerisme, bijvoorbeeld in steden als Antalya en

Alanya. Enige jaren geleden werd obers daar geleerd dat niet elke West-Europese vrouw per definitie met hen naar bed wil. Natuurlijk zijn er romances opgebloeid aan de Turkse Rivièra maar er zijn ook wel gevallen geweest van verkrachting. Op het vliegveld in Istanbul zijn soms wel huilende vrouwen te vinden in de wachtruimte die de romance wat serieuzer hebben ingeschat dan hun Turkse vakantiegeliefde. Het voorgaande neemt natuurlijk niet weg dat Turkije een fantastisch vakantie-land is en de gemiddelde Turk overloopt van de gastvrijheid.

Reisdocumenten

Om Turkije binnen te gaan, moet je een visum kopen. Dat kun je doen op het vliegveld – het visumbureau in Istanbul zit net voor de douane-controle aan de linkerkant. Toen deze gids werd gedrukt, kostte een visum 10 euro. Het is drie maanden geldig en je mag er Turkije zo vaak mee in en uit als je wilt.

Beste reistijd

Wanneer je naar Turkije gaat, hangt natuurlijk af van je reisdoel. Het hele jaar door kun je naar Istanbul. Het is daar vooral in augustus echter wel uiterst benauwd en in de winter, als er sneeuw valt, ligt de stad plat en kun je nergens naar toe. De meest aangename temperaturen vind je er in het voorjaar en in het najaar. Houd er in de zomer rekening mee dat je vroeg moet boeken – honderdduizenden Turken komen dan vanuit West-Europa naar Turkije, hetgeen een groot beslag legt op de vliegtickets. Zorg dat je vroeg op het vliegveld bent in Istanbul – er ontploffen nog wel eens bommen in Turkije dus de veiligheidscontrole is grondig.

Documentatie (selectie)

Naslagwerken

Akçam, Taner, *De Armeense genocide. Een reconstructie.* Amsterdam 2007.

Bakker, René; Vervloet, Luc; Gailly, Antoon, *Geschiedenis van Turkije.* Amsterdam 1997.

Findley, Carter Vaughn, *The Turks in world history.* Oxford 2005.

Freely, John, *De geschiedenis van Istanbul.* Amsterdam 2002.

Lutz, Jessica, *De gouden appel. Turkije tussen Oost en West.* Breda 2002.

Ministerie van OC&W, *Hedendaagse Turkse cultuur in Nederland en Turkije / Contemporary Turkish culture in the Netherlands and in Turkey.* Den Haag 2004.

Morris, Chris, *The new Turkey. The quiet revolution on the edge of Europe.* Londen 2006.

Pope, Nicole; Pope, Hugh, *Turkey unveile. Atatürk and after.* Londen 1997.

Quataert, Donald, *The Ottoman Empire, 1700-1922.* Cambridge 2006.

Yerden, Ibrahim, *Trouwen op z'n Turks. Huwelijksprocedures van Turkse jongeren in Nederland en hun strijd om meer inspraak.* Utrecht 1995.

Yildiz, Kerim; Chomsky, Noam, *The Kurds in Turkey. EU accession and human rights.* Londen 2005.

Literatuur

Pamuk, Orhan, *De heer Cevdet en zonen.* Amsterdam 2007.

Livaneli, Ömer Zülfü, *Bevrijding.* Amsterdam 2007.

Shafak, Elif, *Het luizenpaleis.* Breda 2006.

Kemal, Yaşar, *De wind uit de vlakte. Anatolische trilogie.* Breda 1999.

Özdamar, Emine Sevgi, *De brug van de Gouden hoorn.* Breda 1998.

Reisboeken

Bouwman, Bernard, *Mijn Istanbul.* Amsterdam 2007.

Janssen, Wim, *Turkije van binnenuit. Reisimpressies & lotgevallen van een huiseigenaar.* Utrecht 2006.

Webb, Alex; Pamuk, Orhan, *Istanbul, stad van honderd namen.* Amsterdam 2007.

Pope, Hugh, *Zonen van de veroveraars. De herrijzenis van de Turkische volken.* Amsterdam 2006.

Jensen, Stine, *Turkse vlinders. Liefde tussen twee culturen.* Amsterdam 2005.

Pamuk, Orhan, *Istanbul. Herinneringen en de stad.* Amsterdam 2005.

Reisgidsen

Valent, Dani; Masters, Jim; Masters, Perihan, *Lonely Planet Turkey (Food).* Hawthorn, Australia 2000.

Brosnahan, Tom; Yale, Pat, *Lonely planet Turkey.* Hawthorn, Australia 1999.

Sheehan, Sean, *Times Turkey.* Singapore 1996.

Bayraktaroğlu, Arin, *Culture shock! Turkey.* Londen 1996.

Met dank aan KIT Bibliotheek en Kenniscentrum Tropenmuseum. Meer via www.kit.nl/library.

Informatieve websites

http://turkije.startpagina.nl Deze sites is handig om mee te beginnen omdat ze zoveel doorklikmogelijkheden biedt, bijvoorbeeld naar Turkse nieuwsstations en zelfs naar de site van Europarlementariërs die zich met Turkije bezighouden! Ook staan er directe links in naar sites die reizen naar Turkije aanbieden.

www.turkeytravelplanner.com/index.html Er zijn ontelbare sites met adviezen voor de reiziger die naar Turkije wil komen maar dit is wellicht de beste: helder, duidelijk, en *no nonsense.*

www.turkishdailynews.com.tr Dit is de website van de *Turkish Daily News,* een van de Engelstalige dagbladen in Turkije. Wie een meer gelovig perspectief wil, leze de Engelse versie van *Zaman:* www.todayszaman.com/tz-web.

www.minbuza.nl De website van het Nederlandse ministerie van Buitenlandse Zaken is handig om bijvoorbeeld informatie te vinden over visa of de adressen van Nederlandse vertegenwoordigingen in Turkije. Ook geeft de website een reisadvies.

www.gksoft.com/govt/en/tr.html Deze website geeft een lange lijst officiële websites van Turkse overheidsinstanties.

www.turkishmusic.org/index3.html Dit is een aardige website over Turkse muziek, met onder andere een forum.

www.turksenhomo.nl Een interessante website voor Turkse homo's in Nederland met veel informatie ook over Turkije en de relatie homoseksualiteit/islam.

www.amnesty.nl De Nederlandse website van Amnesty International – goede informatie over mensenrechten.

http://turks.kokkieblanda.nl Aardige site voor wie eens een Turks recept zelf wil maken.

www.ka-der.org.tr Goede website van de vrouwenvereniging KADER, die meer dan welke organisatie ook doet om de positie van de vrouw in Turkije te verbeteren. Helaas alleen in Turks.

www.nazimhikmetran.com/english/index.html Prachtige website over de dichter Năzim Hikmet, met veel liefde gemaakt en uiterst informatief

www.add.org.tr/index.php Site van de Atatürk-vereniging, het hart van het secularisme in Turkije. De website is in het Turks maar maakt ook voor degenen die het niet kunnen lezen duidelijk hoezeer de seculiere Turken van deze vereniging aan Atatürk zijn gehecht

www.tarkan-music.de Officiële site van popidool Tarkan. In Turkije is zijn roem meer dan levensgroot: in 2007 kreeg hij volgens de Turkse media een miljoen dollar voor een optreden op oudejaarsavond.

www.digiturk.gen.tr Officiële site van de grootste aanbieder van digitale televisie in Turkije. Kijk er eens naar: in Turkije, in West-Europa vaak als moslimland gezien, zijn er waarschijnlijk meer Amerikaanse series op de buis dan in Nederland of België.

www.tekbirgiyim.com.tr/index.php Site van de firma Tekbir, die gepoogd heeft een nieuwe interpretatie te geven aan de islamitische kledingvoorschriften voor de vrouw.

www.turkije-instituut.nl Het nieuwe Turkije-instituut in Den Haag, zie ook pag. 110.

http://stichtingnederland-turkije.nl Nederlands-Turkse vriendschapsvereniging.

Nuttige adressen

Nederland

Ambassades

Ambassade van Nederland in Turkije
Hollanda Caddesi 5, Yildiz
06550 Ankara
Tel: +90 0312 4091800
Fax: +90 0312 409 1898
E-mail: ank@minbuza.nl
Website: www.mfa.nl/ank/ambassade

Er zijn consulaten in Antalya, Iskenderun, Izmir, Marmaris en Istanbul.

Ambassade van Turkije in Nederland
Evertstraat 15
2514 BS, Den Haag
Tel: 070 360 4912
Fax: 070 361 7969
Email: turkishembassy@euronet.nl

België

Ambassades

Ambassade van België in Turkije
Mahatma Gandi Caddesi, 55
Gaziosmanpasa, Ankara
Tel: +90 312 405 6166
Fax: +90 312 446 8251
E-mail: Ankara@diplobel.org
Website: www.diplomatie.be/ankaranl

Er zijn ereconsulaten in Antalya, Istanbul en Izmir

Ambassade van Turkije in België
Montoyerstraat 4
1000 Brussel
Tel: 02 513 4095
Fax: 02 514 0748
E-mail: info@turkey.be
Website: www.turkey.be

Overzichtskaart Turkije
Vouw open